Dänzer | Rhetorik-Kurs mit Cicero

AF627323

Tobias Dänzer

Rhetorik-Kurs mit Cicero

Reclam

Der Verlag behält sich die Verwertung der urheberrechtlich geschützten Inhalte dieses Werkes für Zwecke des Text- und Data-Minings nach § 44b UrhG ausdrücklich vor. Jegliche unbefugte Nutzung ist ausgeschlossen.

RECLAMS UNIVERSAL-BIBLIOTHEK Nr. 14306
2022 Philipp Reclam jun. Verlag GmbH,
Siemensstraße 32, 71254 Ditzingen
info@reclam.de
Umschlaggestaltung: Philipp Reclam jun. Verlag GmbH
nach einem Konzept von Tanja Jung, dialog-grafik.de
Umschlagabbildung und S. 6, 15: Cicero-Standbild vor dem
Palazzo di Giustizia in Rom (Shutterstock / Andrea Izzotti)
Druck und Bindung: Elanders Waiblingen GmbH,
Anton-Schmidt-Straße 15, 71332 Waiblingen
Printed in Germany 2026
RECLAM, UNIVERSAL-BIBLIOTHEK und
RECLAMS UNIVERSAL-BIBLIOTHEK sind eingetragene Marken
der Philipp Reclam jun. GmbH & Co. KG, Stuttgart
ISBN 978-3-15-014306-3
reclam.de

Inhalt

Einleitung

Rhetorik ist in Mode, sie hat Konjunktur. Wer sich für Rhetorik interessiert, kann aus einer unübersehbaren Fülle an Ratgeberliteratur, Seminaren, Internetseiten, Videos und Blogs wählen, die großen und vor allem schnellen Erfolg versprechen. In Aussicht gestellt werden zügig erlernte Durchsetzungsfähigkeit, neu gewonnene Selbstsicherheit und damit beruflicher und finanzieller Aufstieg. Verknappte Kompetenzmodelle und Erfolgskurven suggerieren einfache Machbarkeit, moderne Begrifflichkeiten wie Framing und Storytelling Neuheit der Erkenntnisse. Rhetorik verkauft sich, indem sie als modisches und handliches Werkzeug für das unmittelbare persönliche Fortkommen dargestellt wird.

Im vorliegenden Buch wird Rhetorik aus einer anderen Perspektive betrachtet, die nicht weniger am praktischen Nutzen orientiert ist, die aber den umfassenden Anspruch und die überzeitliche Bedeutung des Themas in den Mittelpunkt stellt: Es ist die Perspektive der Antike. Das Buch ist der Überzeugung verpflichtet, dass Kenntnis der antiken Rhetorik zu einem tieferen Verständnis von Rede und Kommunikation führt und besonders heute frische Impulse, neue Ideen und überraschende Einsichten geben kann.

Als ›Rhetorik-Trainer‹ aus der Antike kommt dabei derjenige Denker zu Wort, der sich durch seine Redegabe überzeitlichen Ruhm erworben hat: Marcus Tullius Cicero (106–43 v. Chr.). Für ihn gilt bis heute das Urteil, das der römische Redelehrer Quintilian rund 150 Jahre nach seinem Tod gefällt hat (*Institutio oratoria* 10,1,112): ›Cicero‹ sei nicht der Name eines Menschen, sondern der »Inbegriff der Redekunst« (*nomen eloquentiae*).

Cicero eignet sich insbesondere deshalb zum Begleiter durch die antike Rhetorik, da er sich sowohl als Redetheoretiker wie auch als Redepraktiker hervorgetan hat. In seinen rhetorischen Schriften hat er die Lehre des wirkungsvollen Sprechens dargestellt und erläutert, in seinen Reden hat er sie zur Anwendung gebracht und perfektioniert. In den folgenden zehn Lektionen sind diese beiden Teile des rhetorischen Wirkens Ciceros zusammengebracht, indem wesentliche Überlegungen zur Redetheorie von ›Anwendungsbeispielen‹ aus den Reden begleitet werden.

Das Anliegen des Kurses lässt sich in drei Leitfragen veranschaulichen: Warum lohnt sich die Beschäftigung mit Rhetorik überhaupt? Was kann die antike Rhetorik beitragen? Und schließlich: Weshalb eignet sich Cicero besonders als Trainer für einen Rhetorik-Kurs aus der Antike?

Warum Rhetorik?

Rhetorik, verkürzt von der griechischen *rhētorikē technē*, ist die »Kunst der Rede«. Man assoziiert sie vor allem mit dem öffentlichen Raum, mit der pathosschweren Rede in Politik, bei Gericht, vor großen Menschenansammlungen. Viele dieser öffentlichen Reden haben Berühmtheit erlangt und stehen sinnbildlich für historische Abschnitte oder epochale Ereignisse. Dies gilt im Positiven wie im Negativen: Bürgerrechts-, Geschlechter- und Klimabewegungen bedienten und bedienen sich ebenso der Rhetorik wie die Propagandisten totalitärer Regime.

Das hat mit der grundlegenden Definition von Rhetorik zu tun: Rhetorik ist die Kunst des Überzeugens und Überredens, das heißt die Kunst, einem Gegenüber mit Worten die eigene Meinung zu vermitteln und bestenfalls überzustreifen. In der manipulativen Kraft der Rhetorik liegt die wichtigste Antwort auf die Frage, warum sich die Beschäftigung mit ihr lohnt. Rhetorische Bildung liefert die Analysemittel für intuitive und emotionale Vorgänge, die beim Hören einer Rede, häufig unbewusst, ablaufen. Rhetorik kann daher vor manipulativer Rede schützen, indem sie lehrt, nicht nur die Inhalte selbst, sondern auch deren argumentative Anordnung und sprachliche Darbietung durch Rednerinnen oder Redner kritisch zu hinterfragen. Sie gibt Antworten auf Fragen wie: Warum habe ich mich überzeugen lassen? Wie waren die Argumente aufgebaut? Welche Assoziationen und Gefühle haben die gewählten Worte bei mir ausgelöst, und weshalb?

Das gilt jedoch nicht nur für die mitreißende Rede im öffentlichen Raum: Auch im zwischenmenschlichen Bereich, im täglichen Miteinander, hat Rhetorik ihren Platz. Jede bewusste Äußerung, die auf eine weitere Person (oder auch auf die eigene, etwa im Selbstgespräch oder beim Tagebucheintrag) einwirkt, ist Rhetorik. Durch Reden bestimmen wir, wie wir von anderen wahrgenommen werden (wollen), wie wir unsere Ziele erreichen und welche Stellung wir innerhalb der Gemeinschaft einnehmen. Verständnis für rhetorische Strukturen, für die Funktionsweisen von Rede und Kommunikation, ist daher überall dort wichtig, wo wir uns der Sprache bedienen und ins Gespräch kommen.

Damit ist Rhetorik nicht nur die Kunst der großen Rede, sondern die Kunst, sich als Mensch und Mitmensch zu definieren. Rede ist das, was den Menschen als vernunftbegabtes Wesen ausmacht. Cicero prägte den Begriff des »Menschseins« (*humanitas*), das untrennbar mit der Fähigkeit verknüpft sei, sich auszudrücken:

> Lasst uns nicht immer nur an Forum, Richterbänke, Rednertribüne und Senat denken: Was kann im Privatleben angenehmer und unserem Menschsein angemessener sein als eine elegante und kultivierte Redeweise? (*De oratore* 1,32)

Warum *antike* Rhetorik?

Die heutige Vorstellung von Rhetorik ist eine wesentlich andere als in der Antike. Heute versteht man Rhetorik zumeist als Anleitung zu einem souveränen Auftritt. Bei Rhetorik-Schulungen wird größter Wert auf Körpersprache, Stimmeinsatz und selbstbewusstes Auftreten gelegt. Häufig wird der Satz bemüht, der Auftritt, nicht der Inhalt mache den Redeerfolg aus. Freilich gehörte die Theorie des Auftretens vor Publikum auch in der Antike zur Rhetorik, aber es war dort der letzte Schritt der rhetorischen Aufgaben, nicht, wie heute leicht der Eindruck vermittelt wird, der erste und einzige.

Die antike Rhetorik war ein umfassendes Denksystem, das die Kultur, die Politik und das gesellschaftliche Zusammenleben prägte. Die römische Kultur war in erster Linie eine mündliche, eine rhetorische. Das lässt sich am besten daran ablesen, dass die Ausbildung zum Anwalt und Politiker, den bedeutendsten Berufen der Antike, eine Ausbildung im Reden war. Im Laufe des ersten vorchristlichen Jahrhunderts etablierte sich die Rhetorik-Schule, die, in etwa vergleichbar mit den höheren Klassen des Gymnasiums oder dem Studium, die Absolventen auf eine Karriere vorbereitete. ›Rhetorik‹ hieß also, wie heute Abitur oder Examen, die höhere Ausbildung.

In der Schule ging es um Rhetorik in ihrer Gesamtheit, die in den fünf »Aufgaben des Redners« (*officia oratoris*) zusammengefasst war (siehe dazu genauer auf S. 22): Man lernte, wie man das Redethema fand (*inventio*, »Auffindung«), wie man die Redeteile und die Argumente wirkungsvoll anordnete (*dispositio*, »Anordnung«), wie man die Rede ausformulierte (*elocutio*, »Ausdruck«), wie man sie auswendig lernte (*memoria*, »Gedächtnis«) und schließlich, im letzten Schritt, wie man sie vor Publikum vortrug (*actio*, »Vortrag«). Dabei lag der Fokus, wie angedeutet, keineswegs auf dem letzten Punkt, dem Auftreten: Das lernte man vor allem in der »Probezeit auf dem Forum« (*tirocinium fori*), wo man sich einem berühmten Redner anschloss, den man auf Schritt und Tritt begleitete und dessen Auftrittswirkung man beobachtete und nachzuahmen versuchte.

Aus der Bedeutung der Rhetorik für das antike Denken geht hervor, weshalb die Beschäftigung mit ihr besonders heute vielversprechend ist: In der griechisch-römischen Antike erlangte Rhetorik einen Entwicklungsstand, wie er später nicht mehr erreicht worden ist. Der Grad der Differenzierung rhetorischer Konzepte und Begriffe, die Menge rhetorischer Lehrschriften aus der Feder der größten griechischen und römischen Denker und die bis heute fortdauernde, unmittelbare Wirkung der antiken Reden legen nahe, dass man Rhetorik von denen lernen sollte, die sich am ausführlichsten damit beschäftigt haben.

Warum gerade Cicero?

Cicero eignet sich nicht nur deshalb zum Wortführer und Lehrer, weil er im nahezu einhelligen Urteil der Nachwelt als größter antiker Redner gilt, sondern auch, weil er sich seine hohe Stellung *durch* Rhetorik erarbeiten musste. Geboren 106 v. Chr. in der kleinen Landstadt Arpinum als Sohn eines Mannes aus dem Ritterstand (*ordo equester*), gehörte er nicht zur Nobilität, der ersten Gesellschaftsschicht, aus der sich in Rom die führenden Politiker rekrutierten. Zeitlebens bekundete Cicero Stolz auf seine eigene Leistung, es als Außenseiter und Emporgekommener (*homo novus*) an die Spitze des Staates geschafft zu haben.

Seine Redegabe gründete sich allerdings nicht allein auf Talent, sondern war das Resultat sorgfältiger Ausbildung und harter Arbeit. Cicero bildete sich noch nicht in der Rhetorik-Schule – dies wurde erst im Laufe des 1. Jahrhunderts v. Chr. gängig –, sondern schloss sich berühmten Lehrern an. So verbrachte er seine Studienzeit vor allem auf Reisen, die ihn auch auf die Insel Rhodos führten, wo er beim angesehenen Redelehrer Apollonios Molon Rhetorik-Unterricht nahm. Dazu gehörte auch die Stärkung der Lunge, der Stimme und des ganzen Körpers: Stundenlanges, lautes Reden auf dem Forum forderte eine kräftige Konstitution.

Ciceros Redekunst, die er in aufsehenerregenden Politprozessen, so in den Anklagereden gegen den berüchtigten Statthalter Siziliens Gaius Verres oder den Putschisten Catilina, erfolgreich einzusetzen wusste, brachte ihm genügend Anerkennung ein, um schließlich, zum frühestmöglichen Karrierezeitpunkt (*suo anno*), ins Amt des Konsuls gewählt zu werden (63 v. Chr). Als Konsul vereitelte er den Umsturzversuch Catilinas und ließ die Drahtzieher – ohne Gerichtsbeschluss – hinrichten. Dies bedeutete den Wendepunkt seiner Karriere: Durch einen entsprechenden (rückwirkenden) Gesetzesentwurf des Volkstribuns Publius Clodius Pulcher sollte der geächtet werden, der einen römischen Bürger ohne Gerichtsurteil tötete. Cicero entzog sich der Strafe, indem er Rom verließ und nach Griechenland floh.

Mit dem ›Exil‹ des Jahres 57 v. Chr. und seiner Rückkehr nach Rom begann eine wechselvolle Zeit im Leben Ciceros: Zeiten politischer Hoffnung und großer Reden auf dem Forum (zu nennen ist hier vor allem die Rede *Pro Sestio*, worin Cicero sein staatspolitisches Programm entwarf) wechselten sich ab mit Phasen des erzwungenen Rückzugs ins Private. Diesen ist es vor allem zu verdanken, dass Cicero auch seine theoretischen Ansichten zur Rhetorik niederlegte, denn er schrieb immer dann, wenn er politisch im Abseits stand. So stammt sein drei Bücher umfassendes rhetorisches Hauptwerk *De oratore* aus dem Jahr 55 v. Chr., dem Jahr nach dem erneuerten Machtbündnis zwischen Caesar, Pompeius und Crassus, das Cicero in die politische Ohnmacht zwang. Die beiden Schriften *Brutus*, eine Geschichte der Redekunst, und *Orator*, worin Cicero das Idealbild eines Redners entwarf, entstanden 46 v. Chr., in dem Jahr, in dem er, der Pompeius-Anhänger, von Caesar begnadigt und zum Stillhalten genötigt wurde. In weiteren Schriften betätigte sich Cicero als Theoretiker der Redekunst, so in seiner Jugendschrift *De inventione*, in den *Partitiones oratoriae*, einer Unterweisungsschrift in Form eines Zwiegesprächs mit seinem Sohn, und in den *Topica*, die dem Juristen Gaius Trebatius Testa die rhetorische Argumentationslehre nahebringen sollten.

Wie Ciceros Leben von Rhetorik begleitet war, so war es auch sein Tod: Seine Redekunst hatte ihm einen beispiellosen Aufstieg beschert, und sie war es, die ihm ein schmachvolles Ende bereitete. In der Auseinandersetzung zwischen Antonius und Octavian, dem späteren Kaiser Augustus, hatte Cicero die Seite des Letzteren gewählt und Antonius mit heftigen persönlichen Angriffen überzogen, die in den berüchtigten *Orationes Philippicae* Ausdruck fanden, benannt nach den Schmähreden des Demosthenes gegen den Makedonenkönig Philipp im 4. Jahrhundert v. Chr. Das Kalkül ging nicht auf: Als sich die späteren Bürgerkriegsgegner Antonius und Octavian 43 v. Chr. zeitweilig zusammengeschlossen hatten, war Cicero einer der Ersten, die auf die Proskriptionsliste gesetzt und damit für vogelfrei erklärt wurden.

Cicero wandte sich zur Flucht, wurde entdeckt und enthauptet. Kopf und Hände wurden auf den *rostra*, der römischen Rednerbühne, ausgestellt, Antonius' Frau Fulvia soll ihm die Zunge mit ihrer Haarnadel durchbohrt haben. Eben der Ort, an dem Cicero seine größten rhetorischen Erfolge gefeiert und wo er die *Philippischen Reden* gehalten hatte, geriet so zum Mahnmal eines Redners, der seine leidenschaftliche Rhetorik mit dem Leben bezahlte.

Wenngleich Ciceros Ende in abschreckender Weise zeigt, wozu öffentliches Reden führen kann, so eröffnet die Beschäftigung mit seinem Leben und Werk doch die einzigartige Möglichkeit, Rhetorik in ihrer Gesamtheit, in ihrer theoretischen und lebenspraktischen Dimension zu begreifen. Dazu gehört auch das Eingeständnis so mancher (rhetorischer oder menschlicher) Schwächen Ciceros, die in den folgenden Kapiteln nicht übergangen werden. Eben dies mag eine tröstliche Ermunterung für all diejenigen sein, die sich rhetorisch verbessern möchten: dass auch der größte Redner nicht unfehlbar ist.

Das Motto des vorliegenden Bändchens ist Ciceros frühester rhetorischer Schrift *De inventione* entnommen, die er in seinen zwanziger Jahren verfasste und die ihm, wie er später nicht ohne die ihm eigene Eitelkeit schrieb, etwas zu früh entschlüpft sei. Hierin ist eine didaktische Maßgabe formuliert, der sich der Autor dieses Bandes verpflichtet fühlt – Klügere zu Wort kommen zu lassen:

> Ich bin doch der Meinung, dass die Menschen, in vielerlei Hinsicht bedürftiger und schwächer als die Tiere, diese vor allem darin übertreffen, dass sie sprechen können. Daher hat meiner Ansicht nach Vortreffliches erreicht, wer da, wo die Menschen die Tiere übertreffen, noch die Menschen übertrifft. Wenn sich das vielleicht nicht allein durch Talent und Übung einstellt, sondern auch durch Theorie vermittelt wird, dann ist es nicht abwegig, die Meinung derer einzuholen, die uns darüber Regeln hinterlassen haben.
>
> (*De inventione* 1,5)

Wie eine Rede gelingt

Zehn rhetorische Lektionen mit Cicero

LEKTION 1: Was ist gute Rhetorik?

Die wohl schönste antike Definition der Rhetorik stammt nicht von Cicero, sondern von dessen glühendstem Verehrer Quintilian (um 35–96): Rhetorik sei die »Wissenschaft des guten Redens« (*scientia bene dicendi*), also ein erlernbares System, das einen befähigt, gut zu sprechen. So kurz diese Bestimmung auch ist, sie hat es in sich. Im Wörtchen ›gut‹ liegt die ganze Problematik der Rhetorik, die entscheidende Frage, die Cicero ein Leben lang beschäftigte und die am Beginn jeder Auseinandersetzung mit Rhetorik stehen sollte: Was ist ›gute‹ Rhetorik?

Rhetorik kann in verschiedener Hinsicht ›gut‹ sein: moralisch gut, technisch gut, gut im Sinne der Publikumswirkung. Bevor man sich mit den Einzelheiten der Rhetorik-Theorie und -Praxis befasst, hat man also einen Schritt zurückzugehen und sich Gedanken zu machen über die Grundfunktion und die moralische Problematik von Rhetorik, über ihre technische Seite und ihren Wirkanspruch. Dabei steht die grundlegendste Frage am Anfang: Was ist Rhetorik überhaupt?

Definitionssache: Was ist Rhetorik?

Aus der Antike ist eine große Menge unterschiedlich lautender Definitionen bekannt. So hatte Platon (um 428–348 v. Chr.) die Rhetorik im *Gorgias* etwas verächtlich als *peithus dēmiurgos*, als »Werkmeisterin der Überzeugung«, bezeichnet, also als moralisch indifferentes Mittel zur Manipulation. Aristoteles (384–322 v. Chr.) hat in seiner *Rhetorik* definiert, Rhetorik sei die Fähigkeit, alles ausfindig zu machen, was in der Rede überzeugen könne (*Rhetorica* 1,2). Cicero wiederum formulierte, Aufgabe des Redners sei es, »zum Überzeugen geeignet zu sprechen«, das verfolgte Ziel bestehe in »Überzeugung durch Rede« (*De inventione* 1,6). In Überzeugung und Überredung, ja in Beugung und Brechung des Gegenübers liegt nach Cicero die eigentliche Macht der Rede:

> So große Macht hat die Rede, die von einem guten Dichter trefflich als »Seelenbeugerin und Königin der Welt« bezeichnet wurde, dass sie nicht nur einen Wankenden aufrichtet und einen Stehenden ins Wanken bringt, sondern dass sie selbst, gleich einem tapferen und guten Feldherrn, einen widerstrebenden Feind gefangen nimmt.
>
> (*De oratore* 2,187)

Mit dem Grad der Überzeugung versucht man auch, die Qualität von Rhetorik zu ›messen‹. So hat etwa der Altphilologe Wilfried Stroh in seinem Buch *Die Macht der Rede* Beispiele genannt, wo ein Redner beim Publikum einen Meinungsumschwung erreicht (2009, S. 21 f.). Er zitiert die berühmte Rede des Antonius aus Shakespeares *Julius Caesar*, die aus Anhängern der Caesarmörder deren Feinde macht, oder die Rede des damaligen Außenministers Joschka Fischer auf dem Sonderparteitag der Grünen 1999, als er eine erklärte Friedenspartei, die ihn eingangs als ›Kriegstreiber‹ beschimpft hatte, dazu brachte, für den Kosovoeinsatz der Bundeswehr zu stimmen. Denkt man zuletzt an die Sportpalastrede, mit der Joseph Goebbels am 18. Februar 1943 den totalen Krieg beschworen und damit selbst manchen Regimegegner mitgerissen hatte, so wird das Dilemma der Rhetorik unmittelbar verständlich: Da Rhetorik als Kunst der Überzeugung und des Überredens nicht notwendigerweise an ein moralisches Kriterium gebunden ist, kann sie missbraucht und zur Manipulation eingesetzt werden.

Verantwortungsvoll reden: Das moralische Dilemma der Rhetorik

Cicero hat sich bereits in seinem frühesten Werk zur Rhetorik ausgiebig mit der Frage beschäftigt, ob die Rhetorik im Laufe der Geschichte mehr geschadet oder mehr genützt habe:

> Lange und häufig habe ich darüber nachgedacht, ob die Rede in ihren vielfältigen Möglichkeiten und das Streben nach größtmöglicher Redegewandtheit Menschen und Staaten mehr Gutes oder mehr Schlechtes gebracht haben. Wenn ich nämlich den Schaden bedenke, den unser Gemeinwesen genommen hat, und mir die früheren Katastrophen vergegenwärtige, die die größten Staaten erlitten haben, so muss ich einsehen, dass das Unheil zu einem beträchtlichen Teil durch die redegewandtesten Menschen hervorgerufen wurde. Wenn ich hingegen darangehe, die literarisch überlieferten Ereignisse aufzurollen, die uns aufgrund ihres Alters nicht mehr im Bewusstsein sind, so erkenne ich, dass einmal durch vernünftige Überlegung, dann aber vor allem durch geschickte Rede viele Städte gegründet, die meisten Kriege beendet, die stärksten Bündnisse geschmiedet und die innigsten Freundschaften geschlossen wurden.
>
> So komme ich nach reiflicher Überlegung vor allem zu diesem logischen Schluss, dass Verstand ohne Redegewandtheit dem Staat

wenig nützt, Redegewandtheit ohne Verstand aber meistens beträchtlich schadet und niemals nützlich ist. Wenn daher jemand seine ganze Mühe darauf verwendet, sich im Reden zu üben, ohne dass er sich dabei in der aufrichtigsten und ehrenvollsten Weise um vernünftiges und staatsdienliches Handeln bemüht, der wächst zu einem Bürger heran, der sich selbst schadet und sein Land in Gefahr bringt. Wer sich hingegen so mit Redegewandtheit wappnet, dass er die Interessen seines Landes nicht bekämpft, sondern kämpfend für sie eintritt, der wird meines Erachtens zu einem überaus beliebten Bürger werden, der sich für seine eigenen Belange und die seines Landes in höchst förderlicher Weise einsetzt. (*De inventione* 1,1)

Aus dem moralischen Dilemma der Rhetorik leitet Cicero den Aufruf zu einem verantwortlichen Umgang mit ihr ab, der sowohl im eigenen wie auch im Interesse des Staates – beim Staatstheoretiker Cicero ist beides eng miteinander verknüpft – gewahrt werden müsse. So warnte er eindringlich vor den Gefahren der Macht einer unmoralischen Rhetorik:

Je größer diese Macht ist, desto mehr muss sie an Moral und höchste Umsicht geknüpft werden. Überlässt man Leuten, die diese Ansprüche nicht erfüllen, die Macht der Rede, so macht man sie nicht zu Rednern, sondern legt Wahnsinnigen Waffen in die Hand.

(*De oratore* 3,55)

Wenngleich Cicero die moralische Komponente der Rhetorik thematisiert, hat er sie nicht wie der eingangs zitierte Quintilian zum festen Bestandteil seiner Rednerdefinition gemacht. Für den Machtpolitiker Cicero war Rhetorik in erster Linie das Mittel, die eigenen Ziele zu erreichen. Zwar entwickelte er in seinen Reden Begriffe und Konzepte, die noch heute Bewunderung hervorrufen – so verteidigte er Angeklagte wie Sextus Roscius unter dem dringenden Appell zur Mitmenschlichkeit oder entwarf staatspolitische Programme, die innere Sicherheit und den Zusammenschluss aller Stände forderten (*Pro Sestio*). Aber seine Rhetorik konnte auch eine verantwortungslose Brutalität annehmen, die dazu angetan war, seine Gegner – man denke an Catilina, Verres oder Antonius – buchstäblich zu vernichten. Schwer erträglich sind etwa die Ausfälle gegen Marcus Antonius, die darauf abzielten, diesen der öffentlichen Schande auszusetzen. So blähte Cicero das ausschweifende Betragen des Antonius auf der Hochzeit eines Schauspielers zu einem Skandal von staatspolitischer Tragweite auf:

> Mit dieser Kehle, diesem Brustkorb, dieser ganzen protzigen Gladiatorenstatur hast du auf Hippias' Hochzeit so viel Wein in dich hineingesoffen, dass du dich am nächsten Tag vor dem versammelten römischen Volk übergeben musstest. Wie abscheulich war das anzusehen, ja, wie abscheulich ist es selbst, davon zu hören! Wenn dir das beim Abendessen mit deinen riesigen Bechern passiert wäre, so wäre das schon peinlich genug. Der hier aber hat in einer Versammlung des römischen Volkes, in Ausführung eines öffentlichen Amtes, als Befehlshaber der Reiterei, für den es schon eine Schande ist zu rülpsen, sich selbst und die ganze Bühne mit nach Wein stinkenden Essensresten vollgekotzt. (*Philippica* 2,63)

So spiegelt sich in Ciceros Reden das Dilemma der Rhetorik: Soll man (moralisch) gut reden, um einen freundlichen Umgang zu gewährleisten oder einer größeren Sache zur Geltung zu verhelfen? Oder soll man gut, das heißt überzeugend oder manipulativ reden, um seine persönlichen Ziele zu erreichen? Heutige Rednerinnen und Redner werden also zunächst für sich klären, wie sie das Dilemma grundsätzlich oder in jeder Redesituation neu entscheiden. Dabei sollten sie sich fragen: Welche Art von Redner, Gesprächspartner, Mitmensch möchte ich sein? Wie möchte ich Rhetorik einsetzen, um meine Ziele zu erreichen? Wie gehe ich gesellschaftlich und politisch verantwortungsvoll mit den Möglichkeiten um, die mir die Rhetorik bietet?

Kunstvoll reden: Die Aufgaben des Redners

Neben die moralische Komponente der Rede tritt die technische: Was ist in der Theorie gute, das heißt regelhafte Rhetorik? Die Einhaltung der Regeln, die ein Redner zu beachten hat, garantiert zwar nicht allein, dass er ein guter Redner wird, aber zumindest, dass er ein gewisses Grundniveau erreicht. So definierte Cicero den Redner als einen, der die fünf rhetorischen Arbeitsschritte berücksichtigt und beherrscht:

> Will man die allgemeine und besondere Bedeutung des Wortes ›Redner‹ bündig bestimmen, so wird meiner Meinung nach derjenige diesem so bedeutsamen Titel gerecht werden, der über jedes anfallende Thema, das durch Rede zu entwickeln ist, kenntnisreich, geordnet, geschmackvoll, aus dem Gedächtnis und in angemessener Vortragsart sprechen kann. (*De oratore* 1,64)

Angesprochen sind die *officia oratoris*, die »Aufgaben des Redners«, und sie bieten eine Handreichung für das richtige Vorgehen: Zunächst informiert man sich ausgiebig über den Gegenstand der Rede, arbeitet das Beweisziel heraus und sucht nach überzeugenden Argumenten (*inventio* – siehe die Lektionen 4 und 6). Danach ordnet man das Material wirkungsvoll an, indem man es auswählt, gewichtet und gliedert (*dispositio*). Anschließend formuliert man die Rede aus, indem man eine dem Anlass, Thema und Publikum angemessene Sprache findet (*elocutio* – siehe die Lektionen 5, 7 und 8). In der Antike galt es, die Rede auswendig zu lernen (*memoria*), um sie schließlich frei und würdevoll vorzutragen (*actio* – siehe die Lektionen 9 und 10). Dies ist freilich lediglich eine Grundregel, aber sie bietet eine erste Orientierung und lässt bereits den hohen, umfassenden Anspruch erkennen, den eine Rede an den Redner stellt.

Die Beachtung der Kunstregeln allein reicht allerdings nicht aus – dies zeigt in besonderer Weise der Erfolg von Demagogen, die auch ohne rhetorische Bildung große Mengen begeistern und überzeugen können. Hier kommt der dritte und wichtigste Aspekt guter Rhetorik zur Geltung: Gut ist, was Eindruck macht und überzeugt, also was das Publikum als gut empfindet.

Wirkungsvoll reden: Das Publikum entscheidet

Zwar kann der Redner durch gründliche Vorbereitung seinen Teil zum Redeerfolg beitragen, aber letztlich ist es nicht er selbst und auch nicht der Rhetorik-Experte, der über die Qualität der Rede entscheidet, sondern das Publikum:

Wer so spricht, dass er von der Menge für gut befunden wird, den müssen auch die gelehrten Theoretiker für gut befinden. Zwar werde ich mir, wenn ich das beurteilen darf und kann, ein Urteil darüber erlauben, was beim Reden richtig oder falsch gemacht wird. Die Qualität eines Redners aber erkennt man nur an der Wirkung, die er mit seiner Rede erzielt. Drei Wirkungen sind es meiner Meinung nach, die eine Rede hervorrufen soll: Der, vor dem man spricht, soll informiert, unterhalten und mitgerissen werden. Mit welchen rhetorischen Kunstmitteln das jeweils erreicht wird oder welche Fehler dafür verantwortlich sind, dass ein Redner hieran scheitert oder sogar ins Stolpern gerät und untergeht, das kann irgendein Schulmeister beurteilen. Die Frage allerdings, ob es dem Redner gelingt oder nicht, die Zuhörer nach Belieben zu packen, lässt sich üblicherweise nur durch die Zustimmung der Menge und den allgemeinen Beifall entscheiden. (*Brutus* 184–185)

Das Grundprinzip der wirkungsvollen Rede – »informieren« (*docere*), »unterhalten« (*delectare*), »mitreißen« (*movere*) – ist in der Theorie ein redlicher Vorsatz, der jedoch bei jeder Redegelegenheit neu vom Publikum her zu bewerten ist. Der Redner muss sein Publikum so gut wie möglich kennen und sich Gedanken über dessen Zusammensetzung machen, um angemessen sprechen zu können:

Gradmesser für die Redekunst war immer das Verständnis des Publikums. Wer Anerkennung finden will, geht auf die Interessen der Zuhörer ein und richtet sich ganz nach ihrem Urteil und ihrer Zustimmung. (*Orator* 24)

Cicero geht dabei von der Konstellation – man könnte es ein Kommunikationsdreieck nennen – von Sprecher, Hörer und Sache aus:

Man muss darauf achten, was für einen Redner angemessen ist, und zwar nicht nur inhaltlich, sondern auch hinsichtlich der Wortwahl. Denn je nach den Lebensverhältnissen, dem Amt, öffentlichem Ansehen, Alter, ja auch je nach Ort, Zeit und Zuhörer muss inhaltlich und sprachlich eine andere Redeweise zur Anwendung kommen. Auch ist zu bedenken, was für jeden Abschnitt der Rede, wie auch im Leben, angemessen ist. Das hängt von der Sache ab, um die es geht, und von den beteiligten Personen, das heißt von den Rednern und von den Zuhörern. (*Orator* 71)

Wer spricht, und zwar gleich vor wem, hat also zunächst die Konstellation ›Sprecher – Hörer – Sache‹ zu bedenken: Angemessenheit entsteht durch die möglichst exakte Fassung der drei Komponenten. So steht am Beginn jeder Rede Analysearbeit: *Wer bin ich?* Merkmale sind Alter, Herkunft, Beruf etc. *Wer sind die Zuhörer?* Hier lassen sich dieselben Kategorien abfragen wie bei der eigenen Person, wobei das den Hörern Gemeinsame gefunden werden muss. *Worum geht es?* Hierher gehört die Überlegung zum Thema der Rede, das der Redesituation, also Ort, Zeit, Anlass, angemessen sein muss. In einen Satz gefasst: Wie kann ich, der ich diese Eigenschaften aufweise, diesen Hörern dieses Thema zu diesem Anlass so näherbringen, dass sie informiert, unterhalten und mitgerissen werden?

Ein Beispiel für eine gelungene Analyse der Redesituation gibt Cicero im Proöm seiner Verteidigungsrede für Sextus Roscius, der des Vatermordes angeklagt war. Das Auftreten im Prozess war äußerst heikel: Der Freigelassene Chrysogonus, ein Protegé des Diktators Sulla, hatte sich das Vermögen des getöteten Vaters des Angeklagten unrechtmäßig angeeignet. Um seine Tat zu verschleiern und etwaige Ansprüche des Sohnes zunichtezumachen, setzte er eine Mordanklage gegen diesen ins Werk, im Vertrauen darauf, dass niemand aus der Nobilität ernsthaft darangehen würde, gegen Sullas indirekte Präsenz aufzutreten. Cicero aber wagte es, und um den richtigen Ton zu treffen, musste er die Kommunikationsanalyse sehr sorgfältig vornehmen. Folgende Antworten hat er gefunden:

Wer bin ich? 26 Jahre jung, aus dem Ritterstand, Anwalt, der seinen ersten Kriminalprozess bestreitet, nicht besonders bekannt. Unbedingt geboten sind also Bescheidenheitsfloskeln, damit ich mir weder den Vorwurf der Unverschämtheit noch den der Ruhmsucht zuziehe.

Wer sind die Zuhörer? Senatoren, von denen man vor allem Pflichtgefühl erwartet. Damit kann ich sie bei der Ehre packen.

Worum geht es? Um ein skandalöses Komplott (so stelle ich es dar), dessen Aufklärung aber angesichts einer möglichen Revanche Sullas gefährlich ist.

Und so eröffnete Cicero folgendermaßen:

Vermutlich wundert ihr euch, Richter, warum ausgerechnet ich hier stehe, während so viele der großartigsten Redner und vornehmsten Menschen sitzen geblieben sind, wo ich mich doch nicht an Alter, nicht an Begabung und nicht an Ansehen mit ihnen vergleichen kann. Alle, die ihr zu diesem Prozess versammelt seht, sind von der Notwendigkeit überzeugt, ein Unrecht, das durch ein skandalöses Verbrechen heraufbeschworen wurde, zu verteidigen, doch die Verteidigung selbst zu übernehmen wagen sie aufgrund der widrigen Umstände nicht. So kommt es, dass sie hier sind, weil sie ihrem Pflichtgefühl folgen, aber schweigen, weil sie die Gefahr meiden. Heißt das also, ich bin der Mutigste von allen? Keineswegs! Oder bin ich so viel pflichtbewusster als die anderen? Nicht einmal auf solches Lob bin ich so versessen, dass ich es den anderen entreißen wollte. (*Pro Sexto Roscio Amerino* 1–2)

Cicero brachte die Teile seines Kommunikationsdreiecks in ein ausgewogenes Verhältnis: Redner, Publikum und Sache bezog er virtuos aufeinander und gab so den Rahmen der gesamten Rede vor. Mit Erfolg: Roscius wurde, gegen den Widerstand Sullas, freigesprochen, Cicero erhielt nach eigenem Bekunden so viel Beifall, dass man ihm fortan jeglichen Strafprozess zutraute (*Brutus* 312).

Rhetorischer Erfolg ist, anders als im Falle eines Freispruchs, selten messbar. Üblicherweise gibt es keine Richter, die über die Qualität unserer Rhetorik entscheiden. Anhand der Kategorien von Moral, Technik und Publikumswirksamkeit lässt sich rhetorische Qualität aber immerhin einordnen und beschreiben. Durch die bewusste Wahrnehmung und Bewertung von Redegelegenheiten, sei es vor größerem Publikum, im beruflichen Rahmen oder im privaten Gespräch, wird man ein Gefühl dafür entwickeln, was ›gut ankommt‹. Durch Nachdenken über das Wirken von Rhetorik, durch ihre theoretische Kenntnis und praktische Ausübung wird man allmählich lernen, dieses Gefühl rationaler zu beschreiben. Die antiken Rhetoriker nannten diese Fähigkeit »Urteilskraft« (*iudicium*) und sahen dies als Ziel der rhetorischen Ausbildung: beurteilen können, was gute Rhetorik ist.

LEKTION 2:
Besser reden – ein methodischer Leitfaden

Um ein Gefühl für gute Rhetorik zu entwickeln und um sich rhetorisch zu verbessern, braucht es Zeit. Schneller Erfolg, wie er heute häufig in Aussicht gestellt wird, war zwar auch in der Antike wünschenswert: So hatte Cicero seinen steilen politischen Aufstieg vor allem seiner beeindruckenden Redekunst zu verdanken. In seinen theoretischen Schriften allerdings verstand er die Arbeit an der Rhetorik als Lebensaufgabe. Zeitlebens suchte er das Ideal, ja die platonische Idee des »vollkommenen Redners«, des *perfectus orator*. So schrieb er am Beginn des *Orator*:

Beim Entwurf des vollkommenen Redners werde ich einen Redner beschreiben, wie es ihn wohl niemals gegeben hat. Ich frage nämlich nicht, wer ein solcher Redner war, sondern was das unübertreffliche Ideal ist, das im ganzen Zusammenhang der Rede zwar sehr selten oder möglicherweise noch nie sichtbar geworden ist, wohl aber schon in einem Teilbereich, und zwar bei den einen deutlicher, bei den anderen vielleicht etwas spärlicher. Ich bin jedoch davon überzeugt, dass es auf keinem Gebiet ein so vollkommen schönes Ding geben kann, dass nicht die ursprüngliche Idee noch schöner wäre, der es wie der Abdruck eines Gesichts nachgebildet ist. Sie lässt sich nicht mit Augen, Ohren oder sonst einem Sinn erfassen, doch im Denken und in der Vorstellung können wir sie begreifen. (*Orator* 7–8)

Darüber, wie man diesem rhetorischen Idealbild am nächsten kommen könne, herrschte allerdings nicht einmal in der Familie Tullius Cicero Einigkeit. Wenn man den einleitenden Bemerkungen zu *De oratore* Glauben schenkt, so hat es zwischen Marcus und seinem Bruder Quintus einen innerfamiliären Disput darüber gegeben, was nötig sei, um ein guter Redner zu werden – ein Thema, das heutzutage wohl nur noch selten im Familienkreis diskutiert wird:

In unseren Unterhaltungen bist du in dieser Sache immer wieder anderer Auffassung als ich: Während ich auf dem Standpunkt stehe, dass Redekunst höchste fachwissenschaftliche Bildung zur Grundlage habe, vertrittst du die Meinung, Redekunst sei von allzu gründlicher Theorie freizuhalten und von Begabung und praktischer Anwendung abhängig. (*De oratore* 1,5)

Im Zitat sind zwei Auffassungen kontrastiert: Quintus erachtet Talent (*ingenium*) und praktische Übung (*exercitatio*) als hinreichend für den rhetorischen Erfolg, Marcus betont die Wichtigkeit von Theorie (*doctrina*) und umfassender Bildung (*artes*). Damit sind die Komponenten benannt, die für die Verbesserung der eigenen rhetorischen Fähigkeiten ausschlaggebend sind: Im besten Falle besitzt man ein gewisses Talent, studiert die Theorie, nimmt sich Zeit für Übungen, sammelt Praxiserfahrung und hat darüber hinaus eine grundlegende Bildung. Auch wenn sich vermutlich nicht alles in Vollendung einstellen wird, liegt hierin doch ein methodischer Leitfaden, wie man seine Redekompetenz deutlich verbessern kann.

Talent

In *De oratore* lässt Cicero den zeitgenössischen Redner Crassus die Extremposition vertreten, nur die Talentiertesten könnten zu perfekten Rhetorikern werden:

> Es bedarf eines flinken Verstands und wacher Intelligenz, die dem Redner erlauben, scharfsinnige Überlegungen anzustellen, seinen Gegenstand abwechslungsreich darzustellen und stilistisch auszuarbeiten und die Rede dauerhaft im Gedächtnis zu behalten. Sollte nun jemand der Meinung sein, man könne das auch durch Theorie erlernen, so stimmt das nicht: Es wäre ja ganz wunderbar, wenn sich diese Fähigkeiten durch theoretische Bildung wachrufen ließen. Aber sie lassen sich weder künstlich einpflanzen noch verschenken, sind sie doch allesamt Gaben der Natur. Dies wird umso deutlicher, wenn ich die Redeeigenschaften aufzähle, die der Mensch von Geburt an hat: Zungenschlag, Klang der Stimme, Lungengröße, Körperkraft, Gestalt und Aussehen des Gesichts und Körpers insgesamt.
>
> (*De oratore* 1,113–114)

Cicero war sich offenbar bewusst, dass diese Darstellung auf seine Leser entmutigend wirken musste. So lässt er Crassus wenig später anfügen, dass es (wie heute auch) nicht immer die Begabtesten waren, die als Redner Erfolg hatten (*De oratore* 1,117). Und selbst die größten Redner der Antike waren nicht von der Natur auserwählt: Cicero war von schwächlicher Konstitution, Demosthenes (384–322 v. Chr.) stotterte. Dies sind zwei Beispiele für die (der Meinung des Crassus entgegengesetzte) Behauptung, dass der Mensch gerade seine angeborenen Schwächen häufig zu seinen Stärken macht. Der österreichische Kulturhistoriker Egon Friedell hat diese Erkenntnis mit Blick auf den stotternden Demosthenes in ein schönes Aperçu gefasst (²2008, S. 74): »Aber wie, wenn es am Ende umgekehrt gemeint wäre: nicht, daß zu jedem Achill eine Ferse gehört, wohl aber zu jeder Ferse ein Achill?«

Theorie

Um den Mangel an Talent auszugleichen, bietet sich jedenfalls zunächst die Theorie als nützliche Helferin an. Das sah selbst der talentierte Crassus so:

> Ich sage ja nicht, dass die Theorie nicht manche Scharte auswetzen kann: Mir ist sehr wohl bewusst, dass gute Eigenschaften durch theoretische Kenntnisse besser und weniger gute in gewisser Weise abgefeilt und berichtigt werden können. (*De oratore* 1,115)

Die Theorie bietet ein Gerüst, das methodische Sicherheit gibt und wodurch bestimmte Mindestanforderungen an eine Rede gewährleistet werden können. Allerdings betonte Cicero stets den Vorrang der Praxis vor der Theorie: Die Redekunst sei nicht aus der Theorie, sondern die Theorie aus der Redekunst hervorgegangen (*De oratore* 1,46). Ciceros Skepsis gegen theoretische Einteilungen zeigt sich etwa schon bei den gängigen Vorschriften, wie eine Rede aufzubauen ist:

> Man schreibt also vor, dass die Rede so zu beginnen sei, dass wir das Wohlwollen des Hörers, seine Neugier und seine Aufmerksamkeit gewinnen. Dann sei der Sachverhalt so zu schildern, dass die Erzählung plausibel, klar verständlich und kurz sei. Danach müsse man das Thema untergliedern oder benennen, unseren Standpunkt mit

schlüssigen Argumenten bekräftigen, den des Gegners widerlegen. Hiernach setzen manche Zusammenfassung und Schluss an, manche verlangen vor dem Schluss einen Exkurs, um das Thema auszugestalten und in seiner Bedeutung zu steigern, und danach erst Zusammenfassung und Schluss. Ich kritisiere die Einteilungen keineswegs, sie sind gefällig getroffen, aber sie entsprechen eben, wie es bei Menschen ohne wirkliche Redekenntnis nicht anders zu erwarten ist, nicht der Erfahrung. Denn was sie eigens für den Beginn der Rede oder die Erzählung vorschlagen, muss während der ganzen Rede gelten. (*De oratore* 2,80–81)

Was Cicero hier etwas achselzuckend referiert, ist der ›klassische‹ Redeaufbau, der bis heute etwa in der Erörterung im Deutschunterricht gelehrt wird: Einstieg (*exordium*), Schilderung des Themas (*narratio*), Nennung der Gliederung (*divisio*), Argumentation mit Entkräftung der Gegenargumente (*argumentatio*), Exkurs (*digressio*) – heute wie damals nicht fester Bestandteil der Theorie – und letztlich Zusammenfassung der Ergebnisse (*conclusio*) und effektvoller Redeschluss (*peroratio*).

Ciceros Zweifel an solchen Einteilungen weisen darauf hin, dass schulbuchmäßige Kenntnis der Theorie zwar hilfreich sein kann, aber allein, das heißt ohne Anwendung und Erfahrung, nicht ausreicht, um ein guter Rhetoriker zu werden. Gleichwohl war die Theorie für Cicero wichtiger, als er es hier vermuten lässt – anders wären seine zahlreichen didaktisch ausgerichteten Rhetorik-Werke nicht zu erklären. Und gerade die Theorie, die er zu allen Teilen der Rede dargelegt hat und die in den kommenden Lektionen skizziert wird, kann heutigen Rednerinnen und Rednern unerwartete Erkenntnisse und beträchtliche Fortschritte bringen.

Bildung

Die Frage, in der Cicero und Quintus vor allem uneins waren, ist die nach der nötigen Allgemeinbildung. Cicero vertrat auch hier eine – gelinde gesagt – anspruchsvolle Devise:

Meiner Meinung nach wird nur derjenige zu einem allseits bewunderten Redner, der sich in sämtlichen bedeutenden Themenbereichen und Wissenschaften Bildung erworben hat. Denn die Rede muss aus voller Sachkenntnis erwachsen. Wenn der Redner die zugrundeliegende Sache nicht vollständig erfasst hat, so wird er leeres, ja kindisches Geschwätz von sich geben. (*De oratore* 1,20)

Cicero fordert für den idealen Redner nicht weniger als Spezialwissen in sämtlichen Bereichen. Wie man das erreicht, lässt er Crassus in *De oratore* vor erstaunten (und etwas demotivierten) Gesprächspartnern ausbreiten:

Man muss Dichter lesen, die Geschichte kennen, die Schriften der Gelehrten sämtlicher schöner Künste genauestens studieren und sie zu Übungszwecken zitieren, erklären, korrigieren, kritisieren und widerlegen. Man muss für beide Seiten eines jeden Themas argumentieren und den überzeugenden Punkt eines jeden Gegenstands herausarbeiten und in Worte fassen. (*De oratore* 1,158)

Hinzu kommen spezifischere Berufskenntnisse, die für den antiken Redner, der als Anwalt und Politiker auftrat, unerlässlich waren:

Man muss das Zivilrecht gründlich durcharbeiten, die Gesetze kennen, sämtliche Traditionen alter Zeit verstehen, über die Funktionsweise des Senats, die Staatsverfassung, über Bündnispartner, Verträge, Übereinkünfte und Herrschaftsinteressen Bescheid wissen.

Schließlich hat man abwechslungsreiche Proben des feinen und geschmackvollen Humors zu sammeln, der wie Salz über die ganze Rede zu streuen ist. (*De oratore* 1,159)

Im Idealfall kann und weiß der Rhetoriker also alles, hat alles gelesen und ist dabei noch feinsinnig und humorig. Wie sollte man das (zumal neben dem Beruf!) bewältigen? Und so hatte auch Cicero ein Einsehen, wenngleich er von seiner Forderung nach enzyklopädischer Bildung nicht abrückte:

Ich will aber vor allem den heutigen Rednern, die das öffentliche Leben in Rom so stark beansprucht, nicht aufbürden, dass sie alles wissen müssten – wenngleich ich der Meinung bin, dass die Bedeutung des Redners und der Anspruch des Redeberufs darin liegt, über jedes vorliegende Thema elegant und eloquent zu sprechen.

(*De oratore* 1,21)

Auch wenn man die hohen und höchsten Ansprüche Ciceros nicht erfüllt – wie damals und heute wahrscheinlich die meisten –, so lässt sich hieraus doch eine unabdingbare Voraussetzung für erfolgreiches Reden ableiten: hohe Sachkompetenz und gründliche Einarbeitung in das Redethema.

Übung und Praxis

Die wichtigste Kategorie, um zum Redeerfolg zu kommen, war nach Cicero aber nicht Bildung oder Theorie, sondern Übung und Anwendung (*exercitatio*). Der Schlüssel zu gutem Reden ist für ihn – dies mag zunächst verwundern – das Schreiben. Beim Schreiben werden rhetorische Fähigkeiten langsamer, bedächtiger und daher mit nachhaltigerem Lerneffekt angewendet:

Das Wichtigste ist, möglichst viel zu schreiben, was wir aber, um die Wahrheit zu sagen, nur ganz selten tun – es macht nämlich viel Arbeit, um die sich die meisten von uns drücken. Der Stift ist der bei Weitem beste Werk- und Lehrmeister der Rede, und das völlig zu Recht: denn wie eine Rede, die man sich gründlich überlegt hat, deutlich besser ist als eine spontane Stegreifrede, so wird sie wiederum von einer sorgfältig schriftlich ausgearbeiteten Rede überboten. Sämtliche relevanten Gesichtspunkte des Themas, über das wir schreiben, seien sie nun mit theoretischer Kenntnis, scharfsinniger Überlegung oder praktischer Erfahrung zu finden, treten ja deutlich zu Tage, wenn wir nach ihnen forschen und sie mit voller Konzentration untersuchen. Aus einer geschärften Feder fließen zwangsläufig all diejenigen Gedanken und Worte, die für die jeweilige Redegattung am eindrucksvollsten sind. Schließlich fügt sich die Wortstellung beim Schreiben in eine harmonische Ordnung, und zwar nicht nach dem Versmaß der Dichter, sondern nach dem Prosarhythmus der Redner. (*De oratore* 1,150–151)

Eine der Schreibübungen, die man in der Antike vornahm, um seine Rhetorik zu verbessern, war die Deklamation, eine Übungsform, die heute am ehesten mit der Erörterung im Deutschunterricht zu vergleichen ist. Bei der Deklamation ging es darum, über ein beliebiges Thema eloquent zu schreiben oder zu sprechen. Cicero berichtet, er habe sich in seinen frühen Jahren täglich mit jemandem getroffen, um zu deklamieren (*Brutus* 310).

Auf diesem Wege, so berichtet es Cicero dem Brutus, seien die *Gespräche in Tusculum* entstanden, Ciceros philosophisches Hauptwerk (Cicero besaß in Tusculum südöstlich von Rom eine Villa):

Als neulich nach deiner Abreise einige Freunde bei mir in meinem Tusculum zu Gast waren, habe ich herauszufinden versucht, was ich in dieser Form der Deklamation denn zustande bringen könne. Hatte ich früher nämlich nur Gerichtsfälle geübt, was niemand länger getan hat als ich, so ist das hier nun die Deklamation des Alters. Ich ließ jemanden einen Themenvorschlag machen, den ich im Sitzen oder beim Gehen erörterte. (*Tusculanae disputationes* 1,4,7)

Die Übungsreden waren nicht nur sinnvolle Vorübung für den Anwaltsberuf, sondern gelehrter Zeitvertreib und Unterhaltungsmedium gleichermaßen. Wer von uns würde heute zum Vergnügen eine Rede entwerfen, ausformulieren, memorieren und vor dem Spiegel oder im Freundeskreis vortragen? Genau das wäre aber eine hervorragende Übung, die nicht nur die Rhetorik schult, sondern auch den Wissenshorizont erweitert. In der Antike erkannte man einerseits den didaktischen Wert solcher Übungen: Im Laufe des 1. Jahrhunderts v. Chr. wurden die Deklamationen, die ursprünglich im griechischen Redeunterricht beheimatet waren, auch in den römischen Schulen zur hauptsächlichen Übungsform für angehende Anwälte und Politiker. Doch man erkannte andererseits auch den Unterhaltungswert, den solche Reden bringen konnten: Die Deklamation entwickelte sich zu einer Art Rede-Show, bei der geübte Redekünstler große Zuschauermengen in ihren Bann zogen – gewissermaßen ein massentauglicher Poetry-Slam in Prosa.

Für heutige Rhetoriker empfiehlt es sich daher ebenfalls, sich im Entwerfen und Vortragen von Reden zu üben: Hierzu kann man sich wie Cicero ein Thema philosophischen, gesellschaftlichen oder politischen Gehalts wählen und etwa eine Rede zu den großen Themen unserer Zeit ausformulieren. Rhetorik lässt sich aber auch trainieren, indem man sich weniger staatstragenden Aufgabenstellungen widmet: Die römischen Schüler behandelten – so zeigen es die erhaltenen Übungsreden – vor allem Themen, in denen Piraten, Männer in Frauenkleidern, Liebesgeschichten, Familienaffären, Bienen und selbst Gespenster eine Rolle spielten.

Die wichtigste Übungsplattform allerdings war das Forum, das heißt die Redepraxis, und Cicero beschreibt sie mit martialischer Metaphorik:

> Dann muss man die Rede aus dem Schatten der häuslichen Vorübung herausführen, mitten hinein in die Schlacht, in den Staub, ins Geschrei und Kriegsgetümmel auf dem Forum, man muss sich den Blicken aller stellen, die geistige Kampfkraft erweisen und das, was in Abgeschiedenheit sorgfältig vorbereitet wurde, dem Licht der Wahrheit aussetzen. (*De oratore* 1,157)

Um eine schlagkräftige Rhetorik zu entwickeln, bedarf es also möglichst umfassender Erfahrungen im Umgang mit unterschiedlichen Redesituationen. Das bedeutet für heutige Redner, dass man Redegelegenheiten möglichst häufig wahrnehmen sollte. Hiermit sind allerdings keineswegs nur Vorträge oder Ansprachen vor vielen Zuhörern gemeint; auch im direkten Gespräch oder beim Austausch schriftlicher Nachrichten, also überall dort, wo Rede stattfindet und damit rhetorische Strukturen und Strategien zum Einsatz kommen, lässt sich rhetorische Erfahrung sammeln.

Und ohne Talent und Bildung?

Ciceros Idealbild des Redners und die Voraussetzungen, wie man zu einem guten Rhetoriker wird, dürften auf den ersten Blick eher abschreckend als motivierend wirken. Hier kann tröstlich wirken, dass Cicero im Urteil der Nachwelt zwar als grandioser Rhetoriker galt, das von ihm selbst aufgestellte Ideal selbst aber ebenfalls nicht zu erfüllen vermochte. So sagte sogar Quintilian, Cicero sei wohl der beste, aber kein perfekter Redner gewesen (*Institutio oratoria* 12,1,19–20). Daher kann als Maxime eines ciceronianischen Rhetorik-Unterrichts gelten, was Cicero im *Orator*, jener Schrift also, in der er die Idee des Redners formulierte, seinem lernwilligen Publikum mit auf den Weg gab:

Wenn es nun jemandem an den natürlichen Voraussetzungen, einer herausragenden Intelligenz oder an Bildung in den wichtigen Wissensbereichen mangelt, so soll er dennoch den Weg weitergehen, den er eingeschlagen hat. Denn es ist keine Schande, beim Versuch, der Beste zu sein, Zweiter oder Dritter zu werden. (*Orator* 4)

Lektion 3: Die Rede beginnen

Der erste Eindruck, den das Publikum von einem Redner bekommt, ist von enormer Wichtigkeit. Deshalb findet man in Rhetorik-Ratgebern lange Listen von spannenden, humorvollen, persönlichen oder lebensklugen Redeeinstiegen, mit denen man die Aufmerksamkeit des Publikums gewinnen kann. Und in der Tat: Interesse zu wecken und für eine gute ›Chemie‹ zwischen Redner und Publikum zu sorgen, ist die wichtigste Aufgabe des Redeauftakts. Dennoch hätte Cicero über die Sammlungen von sieben, zwölf oder fünfundfünfzig Redeeinstiegen sicherlich den Kopf geschüttelt. Er war der festen Überzeugung, dass der Eingangsteil der Rede, das *prooemium* oder *exordium*, gerade nicht pauschalisiert werden dürfe:

> Die Einleitung soll aber so fest mit der folgenden Rede verbunden sein, dass sie nicht wie das aufgesetzte Vorspiel eines Kitharasängers wirkt, sondern wie ein Teil, der mit dem ganzen Körper fest verwachsen ist. Denn manche gehen, sobald sie den einstudierten Auftakt zum Besten gegeben haben, so zum Hauptteil über, dass man den Eindruck gewinnt, sie wollten überhaupt nicht, dass man ihnen zuhört. (*De oratore* 2,325)

Der Einstieg habe aus dem ›innersten Kern des Themas‹ hervorzugehen und sollte daher zuletzt verfasst werden, das heißt, nachdem man die ganze Rede konzipiert hat:

> Erst wenn ich alles bedacht habe, überlege ich, was ich als Erstes sage, welche Einleitung ich wähle. Denn wenn ich mir das einmal zuerst einfallen lassen wollte, kamen mir nur Banalitäten, Plattitüden und abgedroschene Floskeln in den Sinn. Redeeinstiege müssen einerseits stets sorgfältig, präzise und gehaltvoll und in der Wortwahl angemessen, andererseits auf das jeweilige Thema zugeschnitten sein. In der Einleitung erkennt man sozusagen den Wert der Rede, und damit soll der Hörer sofort berührt und eingenommen werden. (*De oratore* 2,315)

Nach antiker Theorie sollte jeder Redeeinstieg die folgenden Kriterien erfüllen:

> Die Einleitung ist der Redeteil, der den Hörer in angemessener Weise auf die kommende Rede vorbereitet. Das erreicht man, indem man ihn wohlwollend, aufmerksam und aufnahmebereit stimmt.
> (*De inventione* 1,20)

Die wichtigste Kategorie dieser klassischen Dreierformel (*benivolum, attentum, docilem facere*) ist das Wohlwollen, also die Sympathie, die der Redner zwischen sich und dem Publikum herzustellen hat.

Wohlwollen

Hierzu teilt Cicero das Wohlwollen in vier Kategorien ein: eigene Person, Gegner, Richter bzw. Publikum und Sachverhalt.

Zunächst kann das Publikum durch Argumentation gegenüber der eigenen Person wohlwollend gestimmt werden, wobei man je nach Ansehen, Lebenswandel oder ›Schwere der Schuld‹ unterschiedlich vorgehen muss:

Mit der eigenen Person gewinnen wir Wohlwollen, indem wir ohne Arroganz über unser pflichtgemäßes Handeln sprechen, indem wir Vorwürfe und Unterstellungen unaufrichtigen Verhaltens entkräften, die gegen uns vorgebracht werden, indem wir unvorteilhafte Geschehnisse oder bevorstehende Notlagen klar benennen, indem wir uns demütiger und unterwürfiger Bitten und Beschwörungen bedienen. (*De inventione* 1,22)

Bei der Person des Gegners ist vor allem an den Prozessgegner gedacht, wofür man heute eher allgemein an einen missliebigen Konkurrenten denken wird. Dabei sollte man von Ciceros kleiner Anleitung zur Boshaftigkeit allerdings nur wohldosierten Gebrauch machen:

Von den Gegnern her machen wir uns das Publikum geneigt, wenn wir entweder Abneigung, Neid oder Verachtung gegen sie erregen. Abneigung erregen wir, indem wir Handlungen anführen, die sie auf schmutzige, hochmütige, grausame oder böswillige Weise begangen haben. Neid erregen wir, indem wir ihren Einfluss, ihre Machtstellung, ihren Reichtum und ihre Verwandtschaftsbeziehungen sowie ihren unerträglich arroganten Umgang damit darstellen, so dass der Eindruck entsteht, sie würden sich mehr auf diese Dinge verlassen als auf den eigentlichen Fall. Verachtung erregen wir, indem wir ihre Faulheit, Gleichgültigkeit, Feigheit, ihre Vernachlässigung der Pflichten und ihr ausschweifendes Privatleben hervorheben. (*De inventione* 1,22)

Die Zuhörer werden, wenig verwunderlich, durch schmeichelnde Worte eingenommen, und zwar indem …

... wir Handlungen vorbringen, bei denen sie mutig, weitsichtig oder sanftmütig aufgetreten sind, wobei aber keine allzu große Schmeichelei erkennbar werden darf, und indem wir ihnen zeigen, welch hohe Meinung wir von ihnen haben und wie viel wir von ihrem Urteil und ihrem Einfluss erwarten. (*De inventione* 1,22)

Schließlich soll auch das Redethema für klare Verhältnisse sorgen:

Vom Thema her stimmen wir das Publikum gewogen, wenn wir unseren eigenen Standpunkt lobend hervorheben und den gegnerischen der Verachtung preisgeben. (*De inventione* 1,22)

Aufmerksamkeit

Als zweites Erfordernis des gelungenen Einstiegs gilt es, den Hörer aufmerksam und neugierig zu machen:

Die Aufmerksamkeit der Hörer gewinnen wir, wenn wir zeigen können, dass das, worüber wir sprechen werden, bedeutend, neuartig und unglaublich ist und dass es alle Menschen betrifft oder das jeweilige Publikum, bestimmte bedeutende Persönlichkeiten oder die unsterblichen Götter oder die wichtigsten Staatsangelegenheiten. Aufmerksamkeit entsteht auch, wenn wir versprechen, die Darstellung unserer Angelegenheit kurz zu halten, und wenn wir den oder, wenn es mehrere sind, die strittigen Punkte ganz deutlich machen. (*De inventione* 1,23)

Der Redner muss dem Publikum sogleich das Gefühl vermitteln, dass es sich lohnt, dabeizubleiben. Das war in der Antike ganz wörtlich gemeint: Da Gerichtsreden meist öffentlich auf dem Forum stattfanden und daher auch von interessierten

Spaziergängern angehört werden konnten, bestimmte der Redner häufig selbst über die Größe seines Publikums.

Aufnahmebereitschaft

Drittens soll ein gelungener Einstieg das Publikum aufnahmebereit stimmen, das heißt, die Zuhörer gleich zu Beginn auf das Redethema vorbereiten:

> Aufnahmebereit machen wir die Hörer, indem wir das Wesentliche des Themas, das heißt den Streitpunkt der Auseinandersetzung, ganz prägnant benennen. (*De inventione* 1,23)

Wichtig ist hier vor allem Klarheit: Der Zuhörer muss genau wissen, worum es im Vortrag gehen wird, andernfalls verliert er gleich zu Beginn den Überblick und wird der Argumentation nicht folgen können oder wollen. Die knappe Fassung des Vortragsthemas wirkt hier wie eine Wegmarke: Wenn sich der Hörer im Verlauf der Rede ›verirrt‹ oder bei einzelnen Argumenten nachdenkend länger verweilt, so hat er in der Einleitung einen Orientierungspunkt, von dem er immer wieder ausgehen kann.

Redeeinstieg für Fortgeschrittene: Die erste *Rede gegen Verres*

Was die Gestaltung der Proömien anging, so war Cicero sein eigener Meisterschüler: Er hielt sich in seinen Proömien sehr genau an das, was er in jungen Jahren in *De inventione* theoretisch fixiert hatte. Ein Musterbeispiel für alles, was er hier darlegte, ist der Beginn der 70 v. Chr. gehaltenen Rede gegen Gaius

Verres, den Statthalter Siziliens, der die Provinz regelrecht ausgesaugt hatte – Cicero spricht von einer Summe von 40 Millionen Sesterzen, die Verres während seiner Amtszeit zusammengerafft habe. Die Sizilianer wandten sich hilfesuchend an ihren früheren Statthalter Cicero, der dort aufgrund seiner gerechten Amtsführung während der Quästur des Jahres 76 in hohem Ansehen stand. Da Cicero befürchtete, der gut vernetzte Verres, der der Nobilität entstammte, könne die Richter bestechen, die sämtlich Senatoren waren, machte er eben diese Sorge zum sachlichen Kern der Einleitung und seiner Rede insgesamt. Hierzu wählte er einen imposanten Einstieg:

Die höchstwillkommene Gelegenheit, ihr Richter, mit der sich die Abneigung gegen euren Stand und der schmachvolle Ruf der Gerichte einzig und nachhaltig mildern ließ, hat sich euch offenbar nicht durch menschliche Planung, sondern durch göttliche Fügung in der größten Notlage des Staates dargeboten. Schon hat sich die für den Staat verderbliche und für euch gefährliche Ansicht festgesetzt, die nicht nur beim römischen Volk, sondern selbst im Ausland in aller Munde ist: In den Gerichten werde derzeit kein reicher Mensch verurteilt, selbst wenn er schuldig ist. (*In Verrem* 1,1)

Cicero erregt die Aufmerksamkeit von Richtern und Publikum, indem er, zunächst noch ohne die Nennung von Namen, den Götterwillen, Roms Schicksalstag und – so würde man heute sagen – die ausländische Presse heraufbeschwört, um einer möglichen gekauften Parteilichkeit der Richter vorzubeugen. Erst dann lässt er den an der katastrophalen Lage Schuldigen auftreten, gegen den er tiefste Abneigung erregen will:

Jetzt, im entscheidenden Augenblick für euren Stand und eure Gerichtsbarkeit, da Leute bereitwillig versuchen, in Volksversammlungen und durch Gesetzesanträge Hass gegen den Senat zu schüren, wird mit Gaius Verres ein Angeklagter vor Gericht geführt, den die öffentliche Meinung aufgrund seines Lebenswandels und seiner Taten bereits verurteilt hat, und den die Größe seines Vermögens, geht es nach seiner eigenen prahlerischen Hoffnung, bereits freigesprochen hat. (*In Verrem* 1,2)

Cicero erfüllt die theoretischen Vorgaben zur Verunglimpfung des Gegners: In nur einem Satz weist er auf die (vermeintlich) allseits bekannten Verfehlungen des Verres hin, erwähnt dessen großen Reichtum und unerträgliche Prahlerei. Ciceros Satz funktioniert nach dem bekannten Muster der Empörung ›kleiner‹ Leute gegen die finanzielle Oberschicht, das auch heute nichts an Aktualität verloren hat: Die Reichen sind die schlimmsten Verbrecher, aber sie kommen immer ungeschoren davon.

Schließlich spricht Cicero über sich selbst und definiert seine eigene Rolle im Geschehen:

Ich habe die Anklage in diesem Fall, ihr Richter, mit der vollen Zustimmung und Hoffnung des römischen Volkes übernommen, nicht etwa, um die Abneigung gegen euren Stand zu steigern, sondern um dem allgemeinen Verruf entgegenzutreten. Ich habe nämlich einen Menschen vor Gericht gebracht, durch dessen Anklage ihr das verlorene Ansehen der Gerichte wiedergewinnen, die Gunst des römischen Volkes wiedererlangen und die ausländischen Völker eines Besseren belehren könnt: den Plünderer des Staatsschatzes, den Peiniger Asiens und Pamphyliens [Verres war zuvor Statthalter in Kleinasien gewesen], den Ausverkäufer der städtischen Gerichtsbarkeit, den unheilvollen Zerstörer der Provinz Sizilien. (*In Verrem* 1,2)

Cicero fordert das Gericht auf, ein Exempel am schlimmsten aller Halunken zu statuieren, und forciert die große Erwartung, die auf der Entscheidung der Richter liegt. Cicero macht diesen Punkt unmissverständlich zum Thema seiner Rede: Es geht um die Glaubwürdigkeit (*auctoritas*) der römischen Gerichte, die einzig und allein von Anklage oder Freispruch des Verres abhänge.

Wenn ihr euer Urteil über diesen Mann aufrichtig und gewissenhaft fällt, so wird eure Glaubwürdigkeit, die euch stets zu eigen sein muss, von Dauer sein. Wenn die richterlichen Grundsätze von Wahrheit und Gewissenhaftigkeit aber durch den gewaltigen Reichtum dieses Menschen zerrüttet werden, so werde ich damit zumindest aufzeigen, dass es eher dem Staat an einem richtigen Gerichtshof gefehlt hat als den Richtern an einem Angeklagten oder dem Angeklagten an einem Ankläger. (*In Verrem* 1,3)

Sämtliche Positionen sind aufeinander bezogen: Der Redner Cicero präsentiert den Richtern gewissermaßen in allerletzter Sekunde einen nichtswürdigen Angeklagten, durch dessen Verurteilung sie sich und den Staat vom schlimmen Vorwurf der Bestechlichkeit freimachen können. Redner, Gegner, Publikum und Thema sind so ins Verhältnis gebracht, dass Roms Untergang heraufbeschworen wird – der sich nur mit vereinten Kräften abwenden lässt. Und er wurde abgewendet: Verres wurde verurteilt, wenngleich zur mageren Entschädigungssumme von drei Millionen Sesterzen und in Abwesenheit, denn vom dritten Verhandlungstag an erschien der Angeklagte, der die Hoffnung auf einen Freispruch angesichts der Redegewalt Ciceros (und der erdrückenden Beweislast) offenbar rasch verloren hatte, nicht mehr bei Gericht und verließ Italien – dies war gleichbedeutend mit dem Eingeständnis seiner Schuld.

Ciceros Ratschläge für alle Fälle

Beim Redebeginn müssen also stets die Kategorien ›Redner‹, ›Gegenposition‹, ›Publikum‹ und ›Thema‹ beachtet und homogen und effektvoll in Verbindung zueinander gebracht werden. Allerdings hat Cicero auch einige pauschale Ratschläge parat, wie das Publikum, vor allem ein gelangweiltes, müdes oder mürrisches, geneigt gestimmt werden kann – er summiert sie unter dem Begriff des »Einschmeichelns« (*insinuatio*):

> Wenn es sich ergibt, so ist es durchaus nützlich, mit einer unerwarteten, witzigen oder spontanen Bemerkung zu beginnen, was für tosenden Beifall sorgt, oder auch mit einem vorbereiteten Einstieg, so etwa einer Anekdote, einer Erzählung oder einer satirischen Geschichte. Wenn der Ernst der Lage das Scherzhafte verbietet, so wirkt es sehr passend, gleich etwas Trauriges, Bedrückendes, Entsetzliches zu sagen. Denn wie Bitteres besänftigend und Süßes erfrischend auf den Magen wirkt, wenn man vom Essen völlig übersättigt ist, so erholt sich auch ein müder Geist, wenn er etwas hört, was Bewunderung oder Lachen erregt. (*De inventione* 1,25)

Ciceros Hinweise zum Redeeinstieg eignen sich also nicht nur für die große, öffentlichkeitswirksame Rede, in der sich zu Beginn die weltpolitische Bedeutung des Geschehens akzentuieren lässt. Sie sollten auch bei Redeanlässen Beachtung finden, die eine oder mehrere Nummern kleiner sind. Unbedingt müssen sie aber mit dem Thema der Rede in Beziehung stehen und auf das Beweisziel vorausweisen, das im Mittelpunkt der folgenden Lektion steht.

LEKTION 4:
Das Beweisziel finden

Kaum ein Politiker, Anwalt, Wissenschaftler oder Festredner wird sich grundsätzlich fragen, worüber er denn reden solle. Der Anlass der Rede – der Punkt auf der Tagesordnung, die Verteidigung in einem Betrugsfall, das Rahmenthema der Tagung, der Feiertag – ist meist bereits vorgegeben. Allerdings benötigt jede Rede, sei sie gerichtlich, politisch, wissenschaftlich oder festlich, ein klar definiertes Beweisziel.

Wie man das spezielle, dem Anlass angemessene Thema finden kann, dafür hat die antike Rhetorik sehr genaue Anweisungen gegeben. Sie hat, ausgehend von der Gerichtsrede, ein System entwickelt, das heute weitgehend unbekannt ist: die Status- oder Stasislehre, die Lehre von den ›Standpunkten‹.

Die Lehre von den Standpunkten

Diese Lehre, die möglicherweise nach der Startaufstellung von Boxern benannt ist, geht maßgeblich zurück auf Hermagoras von Temnos, einen griechischen Rhetor des 2. Jahrhunderts v. Chr., der wohl eher ein genialer Stubengelehrter denn ein mitreißender Redner war: Tacitus (um 56 – 120 n. Chr.) nennt sein Werk »staubtrocken« (*Dialogus de oratoribus* 19,3).

Das System des Hermagoras war prinzipiell für alle Redegattungen angelegt, funktionierte allerdings am besten für die Gerichtsrede. Hermagoras unterschied acht ›Standpunkte‹: vier ›logische‹ und vier ›juristische‹. Zur Logik gehörten die Vermutung (*coniectura*), das heißt die Frage, ob eine Tat begangen wurde (z. B.: War es Selbstmord oder Fremdeinwirkung?), die Definition (*finitio*), wie die Tat zu benennen war (Mord oder Totschlag?), die moralische oder politische Qualität (*qualitas*; es war Mord, aber es geschah mit gutem Grund). Die vierte logische Kategorie (*translatio*) war die Infragestellung der Zuständigkeit des Gerichtshofs, häufig ein letzter Ausweg aus einer aussichtslosen Rechtsvertretung. Die vier juristischen Kategorien bezeichneten rechtliche Streitpunkte: Wortlaut gegen Absicht, sich widersprechende und doppeldeutige Gesetze sowie die analoge Anwendung von Gesetzen auf gesetzlich unklar geregelte Sachverhalte.

Für den Gerichtsredner, der den Richtern vor allem den Tathergang begreiflich machen musste, waren die ersten drei logischen Kategorien – Vermutung, Definition und Qualität – am wichtigsten. Üblicherweise stellte sich der Anwalt auf *einen* Standpunkt und verteidigte diesen gegen den Anwalt der Gegenpartei. Um etwa den Standpunkt der Vermutung zu erklären, bot Cicero in *De inventione* eine regelrechte Räuberpistole auf (2,14–15): Zwei Männer, einer davon mit einer beträchtlichen Menge Geld im Beutel, hatten sich unterwegs angefreundet und waren gemeinsam in ein Gasthaus eingekehrt, um dort zu Abend zu essen und sich für die Nacht ein Zimmer zu teilen. Der Wirt, der das Geld bemerkt hatte, schlich sich nachts ins Zimmer, nahm das Schwert des einen, tötete damit den anderen, raubte diesem das Geld und steckte das Schwert zurück in die Scheide. Am nächsten Morgen vermutete der Überlebende, der andere schlafe noch tief und fest, und ging allein weiter. Als ihn der Wirt anzeigte, fand man das blutige Schwert und klagte ihn des Mordes an. Hieraus ergibt sich der ›Standpunkt‹ der Vermutung bzw. Mutmaßung. Der Kläger wird sagen: ›Du hast ihn getötet.‹ Der Angeklagte: ›Ich habe ihn nicht getötet.‹ Der ganze Fall dreht sich um die eine Frage: ›Hat er ihn getötet oder nicht?‹

Drei Beweisziele: *Rede für Milo*

In der *Rede für Milo* stellte sich Cicero nicht auf *einen* Standpunkt, sondern auf drei: Vermutung, Definition und Qualität, und gab damit ein lehrbuchmäßiges Beispiel für die Anwendung der Statuslehre. So fragte er bereits im Eingangsteil seiner Rede rhetorisch ins Publikum:

> Wer weiß denn nicht, dass man in einem Mordfall die Tat üblicherweise ganz abstreitet oder sie verteidigt, indem man sagt, sie sei mit gutem Grund und vollem Recht begangen worden? (*Pro Milone* 8)

In der kurzen Frage sind die drei Status und damit Ciceros ganze Argumentationsstrategie enthalten: 1. Vermutung: Der Angeklagte hat keine Tat begangen. 2. Definition: Hätte er sie doch begangen, so wäre sie aus gutem Grund, nämlich aus Notwehr, geschehen, weshalb sie nicht als Mord, sondern als Totschlag einzustufen sei. 3. Qualität: Selbst wenn es Mord gewesen wäre, so müsste dieser geradezu als Heldentat gelten.

Greift ein brillanter Anwalt wie Cicero zu einer so ausgeklügelten, dreifach abgesicherten Beweisführung, so muss etwas Ungeheuerliches vorgefallen sein, jedenfalls etwas,

was nicht ganz leicht zu verteidigen war. Was war also geschehen?

Mord auf der Via Appia

Am 18. Januar des Jahres 52 v. Chr. war es zu einem folgenschweren Zusammentreffen auf der Via Appia gekommen: Titus Annius Milo und Publius Clodius Pulcher, die Protagonisten eines jahrelangen Straßenkampfes, der die Hauptstadt in Angst und Schrecken versetzte, trafen bei Bovillae, einer Landstadt etwa 20 Kilometer südlich von Rom, mit ihren Gefolgschaften aus wehrhaften Sklaven aufeinander – ob durch Zufall oder geplante Hinterlist, ist nicht endgültig zu entscheiden. Jedenfalls kam es, so berichtet es der Cicero-Kommentator Asconius Pedianus rund hundert Jahre nach den Ereignissen (aber wohl auf Basis zeitgenössischer Quellen), zu einer bewaffneten Auseinandersetzung, bei der Clodius verwundet wurde. Als er in ein nahegelegenes Gasthaus gebracht wurde, nutzte Milo die Gelegenheit, seinen Kontrahenten zu beseitigen, und ließ das Gasthaus stürmen: Clodius wurde getötet.

Für Cicero waren die Seiten klar. Clodius war sein Erzfeind, auf dessen maßgebliches Betreiben er nach der Hinrichtung der Catilinarier aus Rom (zu diesem Fall siehe in Lektion 9) hatte weichen müssen. Milo hatte sich für Ciceros Rückkehr eingesetzt, weshalb dieser ihm nun durch die Verteidigung vor Gericht den Gefallen erwidern konnte.

Milo war es nicht!

Cicero stritt Milos Tat zwar nicht entschieden ab – sein Hauptstandpunkt war die Definition: Es war Notwehr! –, doch er ließ die beiden anderen Standpunkte immer wieder anklingen. So suggerierte er, dass die Tat nicht von Milo selbst, sondern von seinen Sklaven begangen wurde, die ihren Herrn beschützen wollten. Bei der Schilderung der Vorkommnisse ließ Cicero wesentliche Bestandteile der Geschichte einfach aus – so wird der Ansturm auf das Gasthaus mit keinem Wort erwähnt. Damit stellte sich Cicero auf den Standpunkt der ›Vermutung‹, Milo sei unschuldig:

Milo begegnete dem Clodius vor dessen Grundstück etwa um die elfte Stunde oder etwas später. Sofort griffen ihn mehrere bewaffnete Männer aus erhöhter Position direkt an und töteten den Wagenlenker. Milo zog seinen Reisemantel aus, sprang vom Wagen und verteidigte sich energisch, woraufhin der eine Teil von Clodius' Männern mit gezückten Schwertern zum Wagen zurücklief, um Milo in den Rücken zu fallen, der andere, im Glauben, Milo sei bereits tot, daranging, die nachfolgenden Sklaven abzuschlachten. Einige derjenigen Sklaven, die ihrem Herrn treu ergeben waren und entschlossen handelten, wurden getötet. Als die übrigen den Kampf beim Wagen sahen, aber daran gehindert wurden, ihrem Herrn zu Hilfe zu eilen, und aus dem Munde des Clodius hörten und es tatsächlich glaubten, Milo sei tot, da taten sie – ich sage es ganz offen, nicht, um die Schuld abzuwälzen, sondern so, wie es geschehen ist – weder auf Befehl ihres Herrn noch mit seinem Wissen noch in seiner Anwesenheit das, was sich jeder Herr von seinen Sklaven in einer solchen Lage gewünscht hätte. (*Pro Milone* 29)

Im Bericht lässt Cicero das Geschehen als geplanten und brutalen Anschlag des Clodius auf Milos Tross erscheinen, der nicht vorauszusehen war. So habe Milo erst seinen Mantel ausziehen müssen, bevor er sich verteidigen konnte. Die eigentlichen Täter, die ebenfalls in Notwehr, aber – dies ist das Kernargument – ohne Beteiligung Milos gehandelt hätten, sind Milos Sklaven.

Notwehr!

Der zweite und stärkste Standpunkt der Verteidigung ist die ›Definition‹: Kann man in Anbetracht der klaren Notwehrsituation, die aus der geschilderten Szene hervorgeht, von Mord sprechen? Selbstverständlich nicht! – zumindest, wenn es nach Cicero geht:

> Wenn es denn irgendeine Situation gibt, in der man einen Menschen rechtmäßig töten darf – und davon gibt es viele –, so ist es mit Sicherheit nicht nur gerecht, sondern sogar notwendig, wenn ein gewaltsamer Angriff gewaltsam abgewehrt wird. ... Wie aber kann die Ermordung eines aus dem Hinterhalt angreifenden Räubers ungesetzlich sein? (*Pro Milone* 9–10)

In diesem Kontext prägt Cicero einen berühmten Satz: »In Kriegszeiten schweigen die Gesetze« (*silent leges inter arma*) – was er also zur Verteidigung eines mutmaßlichen Mörders vorbrachte, entwickelte sich zu einem sprichwörtlichen Grundsatz des Völkerrechts.

Heldentat!

Der dritte Standpunkt diente dazu, die qualitative Einschätzung einer erwiesenen Tat vorzunehmen, das heißt, sie in moralischer, juristischer oder politischer Hinsicht zu bewerten.

Cicero tat auch dies, natürlich unter dem Vorbehalt, dass es eigentlich Notwehr war:

Wenn nun Milo mit blutigem Schwert in der Hand ausriefe: »Bürger, kommt zusammen und hört mich an! Ich habe den Clodius getötet, mit diesem Schwert und dieser Hand habe ich euch den Wahnsinnigen vom Hals geschafft, den wir nicht durch Gesetze und nicht durch Gerichtsverfahren bändigen konnten, so dass allein durch meine Tat weiterhin Recht und Gerechtigkeit, Gesetze, Freiheit, Anstand und Moral in dieser Stadt herrschen! – hätte man da die Reaktion der Bürger wirklich fürchten müssen? Denn wer spendet jetzt nicht Lob und Beifall, wer ist nicht der Meinung und spricht sie aus, dass Milo allein seit Menschengedenken am meisten für den Staat geleistet hat und das römische Volk, ganz Italien, ja alle Völker in unendliche Freude versetzt hat? (*Pro Milone* 77)

Die Richter kauften Cicero die Stilisierung Milos zum größten Helden der Geschichte aber nicht ab: Milo wurde verurteilt und ging ins Exil nach Massilia, dem heutigen Marseille. Dass die Rede nicht verfing, lag allerdings wohl auch an der besonderen Redesituation: Der Prozess fand in aufgeheizter Stimmung auf dem Forum statt, die randalierenden Anhänger des Clodius störten die Rede. Damit es nicht an Ort und Stelle zu gewalttätigen Auseinandersetzungen kam, musste der Gerichtsort von den Soldaten des Pompeius gesichert werden. Cicero ließ sich von dieser Szenerie offenbar beeindrucken und sprach ungewöhnlich unsicher. Jedenfalls hat er seine Rede später überarbeitet und Milo nach Marseille geschickt, woraufhin dieser gesagt haben soll, er sei froh, dass Cicero die Rede nicht so gehalten habe – sonst könne er jetzt hier nicht so hervorragenden Fisch essen.

Von der Gerichtsrede zur allgemeinen Fragestellung

Nun stellt sich die Frage, was die Statuslehre heute noch zur Auffindung von Redethema und Beweisziel beitragen kann. Wie lässt sie sich aus dem gerichtlichen Kontext lösen und auf allgemeinere Redethemen übertragen? Hierüber hatte sich bereits Hermagoras Gedanken gemacht und den Geltungsbereich der Statuslehre in zwei große Bereiche eingeteilt: in These (*thesis*) und Hypothese (*hypothesis*), was man mit ›allgemeiner‹ und ›fallspezifischer Fragestellung‹ übersetzen kann. Der ›Trick‹, um die allgemeine Frage aus der gerichtsspezifischen herauszulösen, war simpel: Man blendete einfach die Personen und konkreten Umstände des Falles aus und konzentrierte sich auf das so entstehende zugrundeliegende Thema. Wenn Cicero also bei Milo fragte: Hat Milo aus Notwehr gehandelt?, so kam er sogleich auf das übergeordnete Thema zu sprechen: Darf man in bestimmten Notlagen Menschen töten? Oder später: Gibt es Situationen, in denen die Ermordung einer Person sogar gut ist?

Freilich konnten auch weniger staatstragende Themen erörtert werden, um den Unterschied von These und Hypothese zu verdeutlichen. Ein antikes Standardbeispiel war: Soll Cato die Marcia heiraten? – Darin liegt die allgemeine (Streit-)Frage: Soll man oder frau überhaupt heiraten? In dieser Sache wird ein oftmals enttäuschter Liebhaber sicherlich anders argumentieren als eine glückliche Verlobte.

Der springende Punkt

Um die Lehre für allgemeine Fragestellungen nutzbar zu machen, reduzierte Cicero sie auf das Wesentliche. Denn die Lehre ist im Kern leicht zu verstehen und auch für andere Redegelegenheiten praxistauglich. Es geht um nichts anderes als den »springenden Punkt« (*causa ambigendi*):

Sobald ich mir Thema und Sachverhalt gründlich angeeignet habe, zeigt sich mir sofort der springende Punkt. Denn in jeder menschlichen Auseinandersetzung – sei es ein Tatvorwurf wie bei einem Verbrechen, eine Streitfrage wie in einer Erbschaftssache, eine Frage der Abwägung wie bei einem Krieg, die Einschätzung einer Person, etwa bei einer Lobrede, oder die Diskussion über die richtige Lebensweise – werden diese Fragen gestellt: Was ist geschehen, geschieht gerade oder wird geschehen? Von welcher Art ist es? Wie wird es bezeichnet? (*De oratore* 2,104)

Hier erscheinen die drei Status Vermutung, Definition und Qualität in allgemeiner Frageform: 1. Liegt etwas vor bzw. was liegt vor? 2. Wie bezeichnet man das? 3. Welche Beschaffenheit hat es? Auf das Beispiel der Hochzeit angewendet kann dies wie folgt aussehen: Zunächst muss ein ›Tatbestand‹ vorliegen, z. B.: Möchte Marcia den Cato heiraten? Wenn man den Wunsch der Marcia nicht infrage stellt (was man angesichts der sprichwörtlichen Sittenstrenge Catos des Jüngeren, eines Zeitgenossen Ciceros, vielleicht tun könnte), geht man zur Definition weiter. Diese ließe sich zu einem Redethema machen, indem man ausführte, dass die Ehe ›der Bund für's Leben‹ sei, eine ›Schicksalsgemeinschaft‹ oder auch ›die Hölle auf Erden‹. Schließlich lässt sich der Wunsch der Marcia bewerten, indem man darlegt, aus welchen Gründen es schön oder fürchterlich, richtig oder falsch ist, Cato heiraten zu wollen.

Cicero bot ein philosophischeres Beispiel, um die einzelnen Standpunkte zu verdeutlichen (wobei die ›Konsequenz‹ als dritte Kategorie unserer ›Qualität‹ entspricht):

Nach dem Wesentlichen einer Sache fragt man anhand der Vermutung, z. B.: Besitzt der Mensch Weisheit?
Die Bedeutung einer Sache wird mithilfe der Definition erklärt, wenn man z. B. fragt: Was ist Weisheit?
Die Auswirkung einer Sache erörtert man anhand der Konsequenz, z. B. in der Frage: Muss ein guter Mensch manchmal lügen?

(*De oratore* 3,113)

Cicero verwendet drei unterschiedliche Verben, um für ein Thema die richtige Herangehensweise zu beschreiben: Im ersten Fall besteht das Beweisziel im »Fragen« oder »Untersuchen« (*quaerere*), im zweiten im »Erklären« (*explicare*), im dritten im »Erörtern« (*tractare*). Das kann einen Anhaltspunkt geben für den dritten Teil der Rede, die Ankündigung des Beweisziels, wo die Gliederung der Rede (*divisio/partitio*) vorgestellt wird. So ließe sich sagen: Ziel des Vortrags ist es, diesen Gegenstand zu untersuchen / zu erklären / zu erörtern. Dann wird man die einzelnen Gliederungspunkte nennen – die klare Orientierung der Zuhörer ist wichtig, um ihre Aufmerksamkeit zu behalten – und schließlich zur Argumentation übergehen.

Auch das vorliegende Buch macht sich Ciceros Methode zur Themenfindung zunutze, wobei sich der Autor – reichlich anmaßend, nämlich wie Cicero zur Verteidigung Milos – auf drei Standpunkte stellt: Erstens wird untersucht, *ob* Rhetorik lehrbar ist; zweitens erklärt, *was* Rhetorik bedeutet; und drittens erörtert, was *gute* Rhetorik ist.

Die Entscheidung darüber, ob das Beweisziel oder die Beweisziele überzeugend erreicht werden, hängt vor allem von der Fähigkeit des Redners ab, das Redethema zunächst klar und anschaulich darzulegen und danach die richtigen Argumente zu finden. Dies – Erzählen und Argumentieren – sind die Themen der beiden folgenden Lektionen.

LEKTION 5:
Mitreißend erzählen

Auf dem Feld der Rhetorik, Kommunikation und Erzähltheorie hat sich, wo es um die Wirkung von Erzählungen geht, der Begriff ›Storytelling‹ eingebürgert, »Geschichtenerzählen«. Durch Storytelling, also eine anschauliche Darstellung, kann man stärkere emotionale Wirkungen bei den Zuhörern hervorrufen als durch eine sachliche Darlegung von Beweisen, Daten, Fakten. Wenn im Kopf der Hörer eingängige Bilder entstehen, wird der Inhalt des Gesagten im Gehirn stärker verankert und wirkt dadurch nachhaltiger. Gleichzeitig vermag die emotionale Kraft von Geschichten die Hörer leichter zu manipulieren. Hier kommt das sogenannte Framing (»Rahmen«) zum Tragen, die Auswahl bestimmter Bildausschnitte (unter Ausblendung anderer Aspekte) und ihre tendenziöse sprachliche Darstellung. Eben darin besteht die Macht der Fake News. So lässt sich etwa eine Statistik leichter als falsch erweisen als eine erfundene, aber in sich stimmige Geschichte: Diese hat, bevor man sie auf ihren logischen Gehalt überprüfen kann, ihre Wirkung bereits entfaltet.

Ciceros Theorie des Erzählens

In der Gerichtsrede war die *narratio* derjenige Teil, der auf die Einleitung folgte und wo die Angelegenheit geschildert wurde, über die die Richter zu entscheiden hatten. Ciceros Darlegungen in *De inventione* sind allerdings grundsätzlicher Natur, das heißt, er bespricht nicht nur die gerichtswirksame Form, sondern die allgemeine Wirkweise des Erzählens. Damit wird er gewissermaßen zum antiken Theoretiker des Storytelling, das sich in sämtlichen Redesituationen und Textgattungen anwenden lässt.

Zunächst teilt er das Erzählen in fallbezogene Anlässe, so vor Gericht, und in im weitesten Sinne literarische Anlässe, bei denen der Unterhaltungswert im Vordergrund steht. Letztere teilt er wiederum in phantastisches, geschichtliches und fiktives Erzählen ein. Die erste Gattung (*fabula*) würde man heute dem Fantasy-Genre zuordnen – Cicero nennt ein Beispiel des Tragödiendichters Pacuvius (um 220–130 v. Chr.), in dem »gewaltige geflügelte Schlangen« (unsere ›Drachen‹) auftreten. Die geschichtliche Erzählung (*historia*) stellt Ereignisse einer fernen Vergangenheit dar und ist als solche am ehesten mit einem gut recherchierten historischen Roman vergleichbar. Unter die letzte Gattung, die fiktive, also erfundene, aber plausible Erzählung (*argumentum*), kann alles eingeordnet werden, was nicht ›auf wahren Begebenheiten‹ beruht, sich aber in der Realität so abspielen könnte.

Bei dieser Art des Erzählens kommt es auf stimmige Figurenzeichnung an und auf eine abwechslungsreiche, turbulente und emotionale Geschichte, die in ein Happy End münden sollte:

Die Personenschilderung muss so gestaltet sein, dass zusammen mit den dargestellten Handlungen zugleich Sprache und Charakter der Personen sichtbar werden. … Diese Erzählform muss überaus lebhaft sein und folgende Elemente aufweisen: abwechslungsreiche Handlung, unterschiedliche Charaktere, ernsthafte und leichte Passagen, Hoffnung und Furcht, Verdacht, Verlangen, Verstellung, Verfehlung, Mitleid, Wendung des Schicksals, unerwartetes Unglück, plötzliche Freude, ein gutes Ende. (*De inventione* 1,27)

Rhetorisches Erzählen

Die Erzählkunst, die Cicero hier skizziert, findet auch in einer Rede Anwendung. Da ein Hörer im Gegensatz zum Leser nicht zurückblättern kann, unterliegt das rhetorische Erzählen strengeren Regeln. Weil Worte flüchtig sind, muss bei der Darlegung des Sachverhalts die Kunst des Erzählens eintreten, das heißt die Fähigkeit, einen Sachverhalt so deutlich zu machen, dass er vor dem inneren Auge des Hörers wie ein Bild erscheint:

Die Erzählung ist der Redeteil, wo der Sachverhalt sozusagen vor Augen gestellt wird. Der Sehsinn ist nämlich am empfänglichsten, jedoch lassen sich auch die übrigen Sinne und besonders die Vorstellungskraft ansprechen. (*Partitiones oratoriae* 20)

Dabei ist es allerdings gerade nicht wortreiche Ausschmückung, die Anschaulichkeit bewirkt. Sondern:

Die Erzählung muss drei Eigenschaften aufweisen: Sie muss kurz [*brevis*], nachvollziehbar [*aperta*] und glaubwürdig [*probabilis*] sein. (*De inventione* 1,28)

Prägnant!

Die erste Qualität, die der Kürze, meint vor allem Bündigkeit und Prägnanz:

Prägnant wird die Erzählung sein ...

- wenn sie dort ihren Anfang nimmt, wo es nötig ist, und nicht bis auf den entferntesten Ursprung zurückgeht,
- wenn man eine Sache, bei der es hinreicht, den wesentlichen Punkt zu benennen, nicht in ihren Teilen bespricht – denn oft genügt es zu sagen, was geschehen ist, ohne zu erzählen, wie es geschehen ist,
- wenn man in der Erzählung nicht weiter als nötig voranschreitet und man nicht zu einer anderen Sache abschweift,
- wenn man Dinge auf eine Weise sagt, dass sich aus dem Gesagten zuweilen etwas erkennen lässt, was nicht gesagt wurde,
- wenn man nicht nur das übergeht, was der Sache schadet, sondern auch das, was zwar nicht schadet, aber auch nicht nützt,
- wenn man die einzelnen Punkte jeweils nur einmal bespricht,
- wenn man nicht gleich wieder mit dem beginnt, was man soeben zu Ende geführt hat. (*De inventione* 1,28)

Kurze Sätze allein verhelfen allerdings nicht zu einer guten Erzählung:

Viele verleitet die Beachtung der Kürze dazu, überaus weitschweifig zu sein, wo sie doch meinen, sich kurz zu fassen. Dies geschieht, indem sie eine Vielzahl an Dingen kurz auszudrücken versuchen, statt nur ganz wenige Dinge zu sagen und nicht mehr als nötig.

(*De inventione* 1,28)

Im Anschluss bringt er folgendes Beispiel für falsch verstandene Kürze: »Ich ging zum Haus. Ich rief den Sklaven. Er antwortete. Ich frage ihn nach seinem Herrn. Er sagte, er sei nicht zu Hause.« Ein auf das Wesentliche fokussierter Redner wird einfach sagen: »Er sagte, er sei nicht zu Hause.«

Länge (und daraus hervorgehend Langeweile) entsteht also nicht nur auf der Wortebene, wenn man etwas zu ausführlich beschreibt, sondern auch auf der Sachebene, wenn man eine Geschichte in all ihren überflüssigen Einzelheiten erzählt.

Nachvollziehbar!

Das zweite Qualitätsmerkmal einer rhetorischen Erzählung ist Nachvollziehbarkeit. Der Redner muss den Sachverhalt so vortragen, dass er dem Hörer verständlich und klar wird:

Nachvollziehbar wird eine Erzählung sein, wenn man das, was zuerst geschehen ist, auch zuerst darlegt und wenn die zeitliche Abfolge der Geschichte gewahrt bleibt, so dass die Ereignisse auf eine Weise dargestellt werden, wie sie geschehen sind oder wie sie mutmaßlich hätten geschehen können. Hierbei hat man darauf zu achten, dass man nicht ...

- etwas durcheinanderbringt oder verdreht,
- von einer Sache zur nächsten kommt,
- wieder ganz von vorn beginnt,
- zu weit vorausgreift,
- etwas übergeht, was zur Sache gehört.

Insgesamt gilt hier, was auch für die Kürze gilt, denn häufig behindert die Länge einer Erzählung ihr Verständnis mehr als mangelnde Klarheit. Daher müssen auch verständliche Wörter gewählt werden.

(*De inventione* 1,29)

Glaubwürdig!

Das dritte Merkmal einer guten Erzählung ist ihre Stimmigkeit:

Glaubwürdig ist eine Erzählung, wenn …

- sie den Anschein erweckt, das Geschilderte komme auch in der Realität häufig vor,
- die jeweilige Stellung der Personen gewahrt wird,
- die Handlungsmotivationen klar erkennbar sind,
- die Gelegenheit zur Tat plausibel gemacht wird,
- aufgezeigt wird, dass der Zeitpunkt günstig, die Zeitspanne ausreichend, der Ort für die Durchführung der Handlung, die man schildert, geeignet war,
- die Geschichte die Wesenszüge der handelnden Personen, allgemeine Vorstellungen und die Überzeugungen der Zuhörer berücksichtigt. (*De inventione* 1,29)

Aus der Aufzählung wird leicht der gerichtliche Kontext ersichtlich: Bei der Darstellung des Vorgefallenen musste der Anwalt die aus dem Sonntagskrimi bekannten Fragen nach Motiv, Gelegenheit, Tatzeit und Tatort möglichst glaubwürdig schildern. Was für den Kriminalfall gilt, ist freilich auch ein Element des Erzählens allgemein: Jede Handlung hat ihren Ort und ihre Zeit, und sie wird von Personen durchgeführt, die von bestimmten Motivationen geleitet werden.

Bedeutend ist vor allem der letzte Punkt des Zitats, wonach die Geschichte die allgemeinen Vorstellungen und Überzeugungen der Hörer berücksichtigen soll. Das bedeutet: Es geht nicht um einen wahrheitsgetreuen Bericht, sondern um eine Erzählung, die von den Hörern geglaubt wird. Hier sitzt ihr manipulatives Element: In der Stimmigkeit von Erzählungen liegt eine suggestive Kraft, das heißt eine Überzeugungswirkung, die unterschwellig funktioniert und die rationale Überlegung ausschalten kann.

Ciceros suggestive Erzählkunst

Nach dem Urteil Quintilians war Cicero ein unbestrittener Meister des Kunstgriffs, durch Erzählen suggestive Bilder entstehen zu lassen (*Institutio oratoria* 8,3,64–65): »Wie in allem anderen ist Cicero auch hierin herausragend. Oder hat jemand so wenig Einbildungskraft, dass er beim Lesen der folgenden gegen Verres gerichteten Zeilen (zum Fall siehe in Lektion 3) nicht nur meint, er sehe die beiden, den Ort und die Kleidung vor sich, sondern sogar noch etwas selbst in Gedanken hinzufügt, was nicht gesagt wurde:

> Da stand er am Strand, der Prätor des römischen Volkes, in Sandalen, mit einem Purpurmantel und einer Tunika bis zu den Knöcheln, gestützt auf eine seiner Gespielinnen. (*In Verrem* 2,5,86)

Ich jedenfalls bilde mir ein, Gesicht und Augen vor mir zu sehen und auch, wie die beiden ekelhafte Zärtlichkeiten austauschen und wie die Beistehenden inneren Abscheu und peinliche Verlegenheit empfinden.«

Mit wenigen kräftigen Strichen entwirft Cicero ein Bild von großer Anschaulichkeit. Die Schilderung ist kurz, aber sie lässt eine ganze Szenerie entstehen: Die Kulisse des Strandes weckt das Bild eines vergnügungssüchtigen Mannes, der die Amtsgeschäfte auf dem Forum vernachlässigt. Dies wird unterstrichen durch das unangemessene Schuhwerk: Die Sandalen des Verres entsprechen heutigen Pantoffeln oder Flipflops – kaum eine Fußbekleidung für einen Würdenträger. Dazu kombiniert Verres eine nachlässig herabhängende Tunika und einen Mantel in kräftigem Purpurrot – die ›richtige‹ Bekleidung des römischen Beamten war eine knielange Tunika mit einem Soldatenmantel darüber. Zuletzt stützt sich Verres auf eine Geliebte zweifelhaften Rufs, was sowohl seine eingeschränkte

Urteilsfähigkeit als auch seine Lüsternheit zum Ausdruck bringt.

Cicero konnte also mit wenigen Worten eindrückliche Bilder entstehen lassen, doch er beherrschte auch die längere, abgeschlossene, spannungsgeladene Erzählung. Seine Erzählkunst kommt vor allem in der zweiten Verres-Rede zum Tragen, die er nie gehalten hat: Nachdem sich Verres nach der ersten Rede bereits aus Rom abgesetzt hatte, formulierte Cicero aus dem gesammelten Beweismaterial eine zweite, fünf Bücher umfassende ›Rede‹. Da die konkrete Gerichtssituation und damit das Gebot äußerster Prägnanz entfiel, konnte er ausführlicher sein: Und dies nutzte er, um eine große Erzählung von der Verworfenheit und Niedertracht eines römischen Politikers zu schreiben.

Skandal in Lampsakos!

Ciceros Erzählkunst kommt besonders in einer Episode zum Ausdruck, die er zu einer turbulenten Kriminalgeschichte ausgestaltet hat. Verres war auf einer Dienstreise in die griechische Hafenstadt Lampsakos gelangt, deren Beschreibung Cicero an den Anfang setzt:

Am Hellespont, ihr Richter, liegt die Stadt Lampsakos, die zu den berühmtesten und vornehmsten in der Provinz Asien zählt. Die Einwohner von Lampsakos verhalten sich höchst zuvorkommend allen römischen Bürgern gegenüber. Sie sind außerdem besonders ruhige und friedfertige Menschen, und fast mehr noch als die übrigen Griechen pflegen sie die seelenruhige Lebensweise und lehnen jede Form von Gewalt oder Unruhe ab. (*In Verrem* 2,1,63)

In diese ruhige und friedvolle Szenerie bricht nun das Grauen ein, und zwar in Gestalt des Durchreisenden Verres:

Da kam Verres ... auf seiner Reise zufällig nach Lampsakos und stürzte die Stadt in großes Unglück und beinahe ins Verderben.

(*In Verrem* 2,1,63)

In Lampsakos wird die Entourage des Verres zunächst überaus gastfreundlich aufgenommen und auf verschiedene Häuser verteilt, Verres selbst kommt bei einem gewissen Ianitor unter. Und augenblicklich beginnt er sein perverses Spiel:

Er tat, was er immer tat und wozu ihn seine kranken Begierden drängten: Sofort beauftragte er seine Begleiter, die niederträchtigsten Taugenichtse, sich umzusehen und umzuhören, ob es ein Mädchen oder eine Frau gebe, für die es sich lohne, länger in Lampsakos zu bleiben. (*In Verrem* 2,1,63)

Auf einen Gehilfen war dabei besonders Verlass:

Einer seiner Begleiter war Rubrius, ein Mann wie geschaffen für die Erfüllung dieser Begierden, der, egal wohin er kam, durch erstaunliches Geschick all diese Dinge in Erfahrung brachte. Folgendes wusste er dem Verres zu berichten: Da sei ein gewisser Philodamos, nach Herkunft, Amt, Reichtum und allgemeiner Achtung sicherlich der erste Mann in Lampsakos. Er habe eine Tochter, die, weil sie unverheiratet sei, noch beim Vater wohne, wohl eine außergewöhnlich schöne Frau, von der man allerdings sage, sie sei anständig und brav. Als Verres das hörte, fing er so sehr Feuer für die Frau – die er selbst niemals gesehen hatte und von der er nicht einmal einen Augenzeugen hatte sprechen hören –, dass er sogleich kundgab, er wolle zu Philodamos umziehen. (*In Verrem* 2,1,64)

Um seinen eigenen Gastgeber Ianitor allerdings nicht vor den Kopf zu stoßen, setzt Verres eine heimtückische Intrige ins Werk. Er behauptet, Rubrius sei nicht gut untergebracht, und ordnet, dem Einspruch des Philodamos zum Trotz, den Umzug des Mannes an. Philodamos bleibt angesichts des Zwangs und der Beleidigung, einen niederen Amtsgehilfen beherbergen zu müssen, gastfreundlich und veranstaltet ein opulentes Mahl, zu dem Rubrius nach Belieben Gäste einladen dürfe. Rubrius lädt – das war der Plan – Verres samt Begleiter ein. In wenigen Worten fängt Cicero die sich erhitzende Stimmung der Feier ein, bis es zum Eklat kommt:

Die Gäste waren pünktlich, legten sich zu Tisch, kamen ins Gespräch und forderten sich gegenseitig auf, nach griechischer Art [das heißt, sich mit Trinksprüchen zuprostend] zu trinken. Der Gastgeber ermunterte sie, man ließ größere Becher kommen, allgemeines fröhliches Gespräch erfüllte den Gastraum. Als nun Rubrius meinte, die Stimmung sei genügend aufgeheizt, rief er: »Philodamos, warum rufst du nicht deine Tochter zu uns herein?« Der hochanständige und bereits bejahrte Vater verfiel angesichts der Worte des unverschämten Menschen in bestürztes Schweigen. Rubrius bedrängte ihn. Um irgendetwas zu antworten, sagte er, es sei bei den Griechen nicht üblich, dass Frauen an einem Gastmahl von Männern teilnähmen. Da rief jemand aus einer anderen Ecke: »Das ist ja wirklich unfassbar! Holt die Frau!«, und zugleich befahl Rubrius seinen Sklaven, die Haustür zu verschließen und sich am Eingang zu postieren. (*In Verrem* 2,1,66)

Cicero erweist sich hier als Meister der atmosphärischen Verdichtung und langsam anwachsenden Spannung. Entworfen wird eine bedrückende Szenerie, die mit dem Verschließen der Haustür ihren dramatischen Höhepunkt erreicht. Die Spannung entlädt sich in einer turbulenten Prügelszene:

Sobald Philodamos bemerkt, dass das Geschehen und die Vorbereitungen auf die Vergewaltigung seiner Tochter abzielen, ruft er seine Sklaven zu sich. Er weist sie an, sich nicht um ihn zu kümmern, sondern seine Tochter zu beschützen. Einer solle aus dem Haus eilen und dem Sohn vom entsetzlichen Vorfall zu Hause Nachricht bringen. Unterdessen erhebt sich Geschrei im ganzen Haus, der Kampf bricht los zwischen den Sklaven des Rubrius und denen des Gastgebers, der so vornehme und ehrenwerte Mensch wird durch das eigene Haus gejagt, ein jeder schlägt nach Kräften drein. Rubrius selbst gießt Philodamos kochendes Wasser über den Kopf.

(*In Verrem* 2,1,67)

Das Einschreiten des Sohnes und der erschütterten Bewohner von Lampsakos verhindert schließlich Schlimmeres, Rubrius wird im Handgemenge schwer verletzt. Und Verres?

Er, der mit seiner Begierde so entsetzlichen Aufruhr verursacht hatte, gierte nun danach, sich möglichst irgendwie aus dem Staub zu machen. (*In Verrem* 2,1,67)

Ciceros Erzählweise ist knapp und grell. Er lässt Verres als Verbrecher übelster Sorte und Sklaven der eigenen Begierden auftreten, dem es an Anstand, Selbstbeherrschung und Mut fehlt.

Wenngleich Verres dem Bild, das Cicero von ihm zeichnete, vielleicht in Ansätzen entsprochen haben wird, so ist doch in den Erzählungen des römischen Staranwalts eines immer zu bedenken: Die Macht der Bilder ist größer als die der historischen Fakten. Cicero zeichnete von seinen Feinden und Prozessgegnern vor allem Zerrbilder, die bis heute eine gerechte historische Bewertung von Personen wie Verres erschweren.

LEKTION 6:
Überzeugend argumentieren

Die Argumentation, die sich nach dem klassischen Aufbau an die Erzählung des Sachverhalts anschließt, ist das Herzstück einer jeden Rede. Hier entscheidet sich, ob der Redner das Publikum von seiner Sichtweise überzeugen kann oder nicht. Gleichzeitig ist die Argumentation der Ort, wo das Publikum der größten Manipulationsgefahr ausgesetzt ist. Das hat, ähnlich wie bei der Erzeugung von Bildern in der Erzählung, mit der spontanen Verarbeitung der vermittelten Informationen zu tun. In seinem Buch *Schnelles Denken, langsames Denken* (2014, S. 33) beschrieb der Psychologe Daniel Kahnemann zwei ›Systeme‹ des menschlichen Denkens: »In System 1 entstehen spontan die Eindrücke und Gefühle, die die Hauptquellen der expliziten Überzeugungen und bewussten Entscheidungen von System 2 sind. Die automatischen Operationen von System 1 erzeugen erstaunlich komplexe Muster von Vorstellungen, aber nur das langsamere System 2 kann in einer geordneten Folge von Schritten Gedanken konstruieren.«

Das bedeutet, dass die unmittelbare, nicht oder noch nicht logische Wahrnehmung unbewusst einen erheblichen Einfluss auf unsere Vorstellungen und Entscheidungen hat. Dies macht sich die rhetorische Argumentation, im Unterschied etwa zur philosophischen oder juristischen, zunutze. Während dort von wahren oder zumindest möglichst unbestreitbaren Prämissen ausgegangen wird, verzichtet die Rhetorik auf diesen Anspruch. Dies hat mit der Wirkweise eines logischen Schlusses zu tun, der auch dann richtig und überzeugend sein kann, wenn die Prämissen falsch sind.

Die Grundstruktur eines vollständigen logischen Schlusses, eines Syllogismus, lautet wie folgt:

Prämisse 1	Alle Menschen sind sterblich.
Prämisse 2	Cicero ist ein Mensch.
Schlussfolgerung	Cicero ist sterblich.

Der Schluss ist evident richtig und führt alle Prämissen vor. Ein logischer Schluss kann allerdings auch dann funktionieren, wenn Prämissen unausgesprochen bleiben, wenn sie falsch oder fragwürdig sind. Darin liegt das Manipulationspotential einer jeden Argumentation. Cicero wusste das, und er nutzte es schonungslos aus.

Wie wirkt ein Argument?

Cicero definierte ein Argument als »logischen Schluss, der eine zweifelhafte Sache glaubwürdig macht« (*Topica* 8). Die Schlussfolgerung wiederum beschrieb er so:

> Eine Schlussfolgerung ist eine verbale Äußerung, die der vorliegenden Sache selbst etwas Glaubwürdiges abgewinnt, das sich, wenn man es darlegt und für sich betrachtet, durch die Kraft der Logik selbst bestätigt. (*De inventione* 1,57)

Im Begriff des Glaubwürdigen (*probabile*) liegt eine demagogische Gefahr: So sagt Cicero an anderer Stelle, man müsse seine Rede nicht an der Wahrheit (*veritas*) ausrichten, sondern an der Meinung (*opinio*) des Publikums (*Partitiones oratoriae* 90). Solche allgemeinen Überzeugungen variieren von Publikum zu Publikum, doch gab es damals wie heute Klischees, die so weitverbreitet und hartnäckig waren, dass man sich ihrer nahezu publikumsunabhängig bedienen konnte. Dazu gehören Geschlechterklischees und Berufsstereotype oder die Vorstellung, dass es besser sei, reich zu sein als arm. Da es dem Redner darum gehen musste, seine Argumente an die Vorstellungen des konkreten Publikums anzupassen, fällt die Lehre von den Argumenten heute in die Zuständigkeit von Psychologie und Kognitionswissenschaft. Antiker Vorreiter dieser Art der Publikumspsychologie war Aristoteles (384–322 v. Chr.): In seiner Schrift *Topika* (von griechisch *topos*, »Ort, Platz«) untersuchte er die Wirkung von logischen und scheinbar logischen Schlüssen, wobei er eine Methode entwickelte, wo – das heißt an welchen »Orten« (*topoi*) – man glaubwürdige Prämissen für seine Argumente finden konnte.

Wo findet man Argumente?

Die Topoi des Aristoteles waren also nicht die Argumente selbst, sondern die Orte, an denen man sie zu suchen hatte. So erklärte es auch Cicero in seinen eigenen *Topica* dem befreundeten Juristen Gaius Trebatius Testa, der beim Stöbern in Ciceros Bibliothek auf die aristotelische Schrift gestoßen war und den Wunsch geäußert hatte, diese nützliche Methode kennenzulernen:

Wie es nun leicht ist, versteckte Dinge zu finden, wenn der Ort bestimmt und gekennzeichnet ist, so müssen wir ebenfalls, wenn wir ein bestimmtes Argument aufspüren wollen, die Orte kennen. So bezeichnete Aristoteles nämlich diese ›Stellen‹, aus denen man Argumente hervorholt. Daher lässt sich ›Ort‹ definieren als ›Stelle, an der das Argument sitzt‹. (*Topica* 7–8)

Was die Schatzkarte für den Goldsucher ist – das Bild stammt von Cicero (*De oratore* 2,174) –, ist die Topik für den, der nach den Argumenten sucht: Die Karte zeigt, wo der Schatz verborgen liegt, aber graben (das heißt nachdenken) muss man selbst.

Wie findet man also nach antiker Topik das passende Argument? Zunächst gilt die allgemeine Einteilung, die auch bei der Erzählung zugrunde lag:

Jede Beweisführung mit Argumenten bezieht sich entweder auf Personen oder auf Sachen. (*De inventione* 1,34)

Für beides gibt es Kataloge – man könnte auch von einem Schubladensystem sprechen –, nämlich der Orte, an denen möglicherweise Argumente für den vorliegenden Fall zu finden sind.

Personenargumente

Für die Personen gibt es folgende ›Schubladen‹:

Folgende Kategorien lassen sich unserer Ansicht nach der Person zuweisen: Name, natürliche Eigenschaften, Lebensweise, Lebensumstände, erworbene Eigenschaften, Gefühle, Interessen, Ziele, Handlungen, Erlebtes, Äußerungen. (*De inventione* 1,34)

Cicero war unzweifelhaft ein Meister des tendenziösen Personenarguments. Er konnte ehrenwerte Menschen in den düstersten und verrufene Gestalten in hellsten Farben zeichnen. Dabei verdichtete er ihre Charaktereigenschaften, Lebensweise, Handlungen, Äußerungen zu einfachen ›logischen‹ Schlussverfahren: Wer so verdorben und ehrlos ist – wie Verres, Clodius, Catilina –, dem sind auch alle zur Last gelegten Verbrechen zuzutrauen. Wer hingegen so tapfer und staatsdienlich handelt – wie Milo oder Caelius –, der ist unbedingt freizusprechen. Dass Cicero sein Licht- und Schattenspiel recht willkürlich an sein jeweiliges Beweisziel anzupassen wusste, geht beispielhaft hervor aus der Verteidigung des Marcus Caelius, der des versuchten Giftmords verdächtigt wurde (zu diesem Fall siehe in Lektion 6). Cicero hatte dem unbequemen (und unbestreitbaren) Vorwurf der Anklage zu begegnen, Caelius habe sich in früheren Jahren Catilina angeschlossen. Hatte Cicero in seinem Konsulatsjahr den Verschwörer Catilina noch als »ekelerregende, entsetzliche, todbringende Seuche« bezeichnet (*In Catilinam* 1,11; zu diesem Fall siehe in Lektion 9), so erscheint dieser nun nicht länger als die Ausgeburt aller Übel, sondern als zwiespältige, hell-dunkle Gestalt:

> Catilina besaß, wie ihr euch sicherlich erinnert, sehr viele großartige Charaktereigenschaften, die zwar nicht offen sichtbar waren, sich aber andeuteten. ... Meiner Meinung nach hat es auf Erden niemals eine so wunderliche Gestalt gegeben, die von derart gegensätzlichen, verschiedenartigen und widerstreitenden Bestrebungen und Leidenschaften bestimmt war. (*Pro Caelio* 12)

Indem Catilina als durchaus anziehende Gestalt gezeichnet wird, weicht Cicero die Prämissen auf: Wenn sich Caelius *diesem* Catilina angeschlossen hat, so ist er deswegen doch nicht gleich zu verurteilen.

Sachargumente

Die Argumente aus der Schublade ›Sache‹ sind vor allem aus der konkreten Gerichtssituation zu erklären, wo Kriminalfälle behandelt wurden. Hierher gehörten die bekannten Fragen der Detektivarbeit:

Bei der zur Verhandlung stehenden Sache … fragt man nach Ort, Zeitpunkt, Art und Weise, Gelegenheit, Mittel. (*De inventione* 1,38)

Den gesamten Katalog der Sachargumentklassen arbeitet Cicero in der Beschreibung des Aufeinandertreffens von Milo und Clodius ab (zum Fall siehe in Lektion 4). Quintilian fasst zusammen, welche Argumente Cicero dort aus der Fundstelle des ›Mittels‹ gewann (*Institutio oratoria* 5,10,50): »Clodius hat Milo eine Falle gestellt, nicht andersherum: Clodius war mit seinen kräftigen Sklaven unterwegs, Milo in Begleitung von Frauen, Clodius mit Pferden, Milo in einer Kutsche, Clodius war ohne Gepäck, Milo in einen Reisemantel gehüllt.« Hier werden Sachargumente (Begleitung, Fahrzeug, Kleidung) aneinandergereiht, die die Ermordung des Clodius durch Milo unglaubwürdig machen sollen.

Auswahl und Anordnung der Argumente

Zur Auffindung und Auswahl der Argumente empfiehlt Cicero, die Fundstellen stets griffbereit zu haben:

Es wird also unser Redner – wir fragen ja nicht nach irgendeinem Schulredner oder einem Schreihals vom Forum, sondern nach dem Redner größter Bildung und höchster Vollendung – so vorgehen, dass er die überlieferten Fundstellen alle durchgeht, die geeigneten auswählt und ihnen allgemeine Gesichtspunkte abgewinnt, woraus auch die sogenannten ›Gemeinplätze‹ entstehen. Mit dieser Menge an Argumenten soll er nicht planlos umgehen, sondern alles abwägen und eine Auswahl treffen. Es sind ja nicht immer und für alle Fälle dieselben Stellen, aus denen die überzeugenden Argumente hervorgehen. Er wird also seine Urteilskraft bemühen und nicht nur Argumente finden, die er anbringen kann, sondern diese auch abzuwägen wissen. (*Orator* 47–48)

Sind die Argumente gefunden und ausgewählt, müssen sie richtig angeordnet werden. Hier erlässt Cicero eine knappe Anweisung, die bis heute gültig ist:

Der Redner wird die stärksten Argumente an die erste und letzte Stelle setzen und die schwächeren in die Mitte. (*Orator* 50)

Die Wirksamkeit dieser Anordnung lässt sich heute psychologisch mit dem sogenannten Primacy-recency-Effekt (auch ›serieller Positionseffekt‹ genannt) erklären, der besagt, dass sich dem Gehirn aus einer Reihe von dargebotenen Informationen die ersten und die letzten am nachhaltigsten einprägen.

Wie kommt das Gift ins Bad?

Cicero selbst verstand es, Personen- und Sachargumente so anzuordnen und miteinander zu verbinden, dass glaubwürdige, aber nicht unbedingt wirklichkeitsgetreue Szenarien entstanden. Ein vortreffliches Beispiel für seine Argumentationskunst ist die Widerlegung (*refutatio*) der Argumente der Gegenseite in der Rede *Pro Caelio*. Der bereits erwähnte Marcus Caelius Rufus, ein skandalumwitterter Schützling Ciceros, hatte sich verschiedener Delikte verdächtig gemacht. Hauptsächlich war er der Gewaltanwendung angeklagt, wobei sich der genaue Tatvorwurf nur noch in Umrissen rekonstruieren lässt: Er soll an einem tödlichen Anschlag auf eine ägyptische Gesandtschaft beteiligt gewesen sein, die die Rückführung des unbeliebten, ins Exil getriebenen ägyptischen Königs Ptolemaios XII. zu verhindern suchte. Die Anklage brachte allerdings eine weitere Beschuldigung vor, wobei als Hauptbelastungszeugin keine Unbekannte auftrat: Clodia, die Schwester von Publius Clodius Pulcher, Ciceros Erzfeind. Clodia behauptete, Caelius habe sie vergiften wollen, da sie von seinen Mordplänen auf die ägyptischen Gesandten gewusst habe.

Um den Vorwurf als Tat einer eifersüchtigen Frau erscheinen zu lassen, konstruiert Cicero eine Liebesgeschichte zwischen Caelius und Clodia – ob es diese tatsächlich gegeben hat oder ob sich Cicero lediglich Clodias zweifelhaften Ruf zunutze machte, ist ungewiss:

Woher das Gift kam und wie es beschafft wurde, wird aber nicht gesagt. Es sei dem Publius Licinius gegeben worden, einem anständigen und rechtschaffenen jungen Mann, einem Freund des Caelius. Mit den Sklaven (der Clodia) sei vereinbart worden, sie sollten zum Bad des Senia kommen, wo ihnen Licinius eine Dose mit Gift übergeben werde. Hier stellt sich mir zunächst eine Frage bezüglich des Treffpunktes: Warum sind die Sklaven nicht zu Caelius nach Hause gegangen? Wenn denn ein so inniger Umgang mit Caelius bestand, ein so enges Verhältnis mit Clodia, wie verdächtig wäre es dann gewesen, wenn ein Sklave der Frau bei Caelius gesehen worden wäre? Wenn aber schon Eifersucht im Spiel war, wenn das Verhältnis in die Brüche gegangen, wenn die Trennung bereits vollzogen war, dann kommen zweifellos »daher die Tränen« [Zitat aus einer Komödie des Terenz, 2. Jahrhundert v. Chr.; etwa: »daher weht der Wind«] und wir haben den Grund für all die Verbrechen und Anschuldigungen.

(*Pro Caelio* 61)

Cicero argumentiert hier mit den Kategorien ›Ort‹ und ›Zeit‹, wobei der vermeintliche Ort einen Hinweis auf den zeitlichen Ablauf der Beziehung gibt: Wenn die angebliche Übergabe des Giftes an einem öffentlichen Ort, einer Badeanstalt, und nicht zu Hause stattgefunden hat, müssen Caelius und Clodia bereits getrennt gewesen sein. Durch diesen ›logischen‹ Schluss liefert Cicero auch gleich das Motiv für Clodias Anschuldigung mit: Eifersucht!

Die Anklage hatte zudem behauptet, die Sklaven hätten ihrer Herrin von der geplanten Übergabe berichtet, woraufhin Clodia versucht habe, Licinius in flagranti, das heißt bei der Giftübergabe, zu überraschen und das Corpus delicti, die Dose mit dem Gift, sicherzustellen. Zu diesem Zweck habe sie Freunde am Bad postiert. Cicero nimmt sich der Entkräftung der Argumente genüsslich an:

> All das, ihr Richter, lässt sich mühelos widerlegen. Denn warum hätte sie ausgerechnet das öffentliche Bad zum Treffpunkt bestimmen sollen? Ich sehe nicht, wo sich in einem Bad Männer in Toga verstecken könnten. Denn wenn sie sich im Eingangsbereich des Bades aufgestellt hätten, wären sie sichtbar gewesen. Wenn sie sich ins Innere des Bades hätten zurückziehen wollen, so hätten sie das kaum gut mit Schuhen und in Kleidern tun können und wären wohl abgewiesen worden, es sei denn, diese durchtriebene Frau [Clodia] hätte dem Bademeister für das Eintrittsgeld von einem Viertel-As einen Freundschaftsdienst erwiesen. (*Pro Caelio* 62)

Anhand weiterer Ort-Argumente legt Cicero die Widersinnigkeit der Übergabe-Geschichte dar: Ein Bad sei ein denkbar ungeeigneter Ort für eine Übergabe – mit der humorvollen Verengung auf den Ort des Bades lenkt Cicero vom Umstand ab, dass ein belebter (Vor-)Platz durchaus ein guter Ort für eine Übergabe sein konnte. Zuletzt flicht er ein Personenargument ein, das Clodia als Prostituierte darstellt: Das geringe Eintrittsgeld ins Bad, ein Viertel-As, soll dem Preis für Clodias sexuelle Dienstleistungen entsprechen.

Die tendenziöse Darstellung der Clodia dient Cicero als Prämisse für die Verunglimpfung der im Bad postierten Männer, wobei die Schlussfolgerung lautet: Wer mit einer solchen Frau befreundet ist, kann selber nicht anständig sein.

Ich war jedenfalls sehr gespannt darauf, zu erfahren, welche achtbaren Männer da als Zeugen für die Entdeckung der Giftübergabe angeführt werden – bislang sind nämlich noch keine Namen genannt worden. Doch habe ich nicht den geringsten Zweifel, dass es hochangesehene Leute sind, die erstens mit einer solchen Frau befreundet sind und die zweitens ihren Beruf ausüben, indem sie sich in einem Bad zusammenpferchen lassen. Das konnte diese Frau, so gut ihre Argumente auch sein mögen, ja nur bei Männern von höchster Ehrenhaftigkeit und Würde erreichen. Aber was rede ich da von der Würde dieser Zeugen? Seht ihren ehrenwerten Charakter und ihren Diensteifer doch selbst! ›Sie versteckten sich im Bad.‹ Herausragende Zeugen! ›Dann sind sie überstürzt herausgesprungen.‹ Umsichtige Leute! So stellt ihr es nämlich dar: Licinius war angekommen, hielt die Dose noch in der Hand, versuchte gerade, sie zu übergeben, hatte sie aber noch nicht übergeben, da brachen diese wundervollen namenlosen Zeugen hervor. Da habe Licinius seine Hand, die er zur Übergabe der Dose noch ausgestreckt hatte, wieder zurückgezogen und habe angesichts des plötzlichen Angriffs dieser Leute das Weite gesucht. (*Pro Caelio* 63)

Ciceros bissige Ironie, der augenzwinkernde Nachweis der Absurdität der unterstellten Geschichte und nicht zuletzt die Verunglimpfung der Clodia führten zum Freispruch für Caelius. Durch seine Argumentation, die er hier zweifellos meisterhaft betrieb, setzte Cicero der Clodia ein Jahrtausende währendes

Denkmal. Indem er ihrem (angeblichen) Lebenswandel die einzig logische Schlussfolgerung abgewann, sie sei eine Prostituierte, schuf er ein Klischee, das auch der zeitgenössische Dichter Catull weidlich ausnutzte, mit dessen Angebeteter ›Lesbia‹ man Clodia identifiziert hat. Ciceros Argumentationskunst in *Pro Caelio* ist somit zugleich ein bedrückendes Beispiel für die Macht, die das willkürliche Spiel mit der öffentlichen Meinung und mit selbstgewählten rhetorischen Prämissen entfalten kann.

LEKTION 7: Stilistisch beeindrucken

Wenn die Rede inhaltlich ausgearbeitet ist, wenn Beweisziel und Anordnung der Argumente feststehen, so folgt die Umsetzung des Gehalts in Sprache – Cicero nennt es das »Bekleiden und Ausstaffieren mit Sprache« (*vestire atque ornare oratione*; *De oratore* 1,142). Dieses dritte Arbeitsstadium des Redners, das ganze Feld der Wortwahl und stilistischen Gestaltung, wurde im Begriff »Stil« (*elocutio*) zusammengefasst. Nach »Auffindung« (*inventio*) und »Anordnung« (*dispositio*) und vor »Gedächtnis« (*memoria*) und »Vortrag« (*actio*) ist es das Scharnier zwischen der häuslichen Vorbereitung und dem Redeauftritt.

In der Antike musste eine Rede bestimmte sprachliche ›Qualitäten‹ aufweisen:

Wie kann man sich denn besser ausdrücken ..., als wenn man richtig, verständlich, gewählt und dem jeweiligen Thema angemessen spricht? (*De oratore* 3,37)

Genannt sind die vier Stilqualitäten Sprachrichtigkeit, das heißt richtiges Latein (*Latine*), sprachliche Klarheit (*plane*), gewählter Ausdruck (*ornate*) und angemessene Wortwahl (*apte dicere*). Auf die ersten beiden geht Cicero nur flüchtig ein, da richtiges und verständliches Sprechen zu den Grundvoraussetzungen eines jeden Redners gehöre. Vor dem gestrengen Ohr Ciceros hätte niemand Gnade gefunden, der Grammatik- oder Aussprachefehler begeht und einen so verwirrenden Satzbau pflegt, dass der Inhalt unverständlich wird. Gewähltes und angemessenes Sprechen allerdings stellt größere Herausforderungen an den Redner, weshalb auch der anspruchsvolle Sprachkritiker Cicero hierauf ausführlicher eingeht.

Das richtige Wort: Eigentliches und metaphorisches Sprechen

Der gewählte, wirkungsvolle Ausdruck – der lateinische Begriff *ornatus* bezeichnet den »Schmuck« der Rede – dient dazu, die Rede durch die Wortwahl interessanter und gefälliger zu machen. Das zur Verfügung stehende Wortmaterial teilt Cicero in drei Kategorien ein:

> Die Wörter, die wir benutzen, sind also entweder die eigentlichen, sozusagen feste Bezeichnungen für die Dinge und fast zugleich mit ihnen entstanden, oder solche, die man in übertragener Bedeutung verwendet und gewissermaßen an einen anderen Ort stellt, oder solche, die wir selbst neu erfinden. (*De oratore* 3,149)

Wortneuschöpfungen – dazu kommen außer Gebrauch gekommene, antiquierte oder dichterische Wörter – können einen gewissen Unterhaltungseffekt erzielen, wenn sie maßvoll eingesetzt werden. Wirkungsvoller sind allerdings die ersten beiden Wortkategorien – der richtige Einsatz von eigentlichen und übertragenen Begriffen. Zu Ersteren:

Bei der Verwendung der eigentlichen Begriffe zeichnet sich ein Redner darin aus, dass er banale und abgedroschene Wörter meidet und stattdessen gewählte, verständliche Wörter benutzt, die einen vollen und melodischen Klang haben. Bei den eigentlichen Begriffen muss aber eine nach Gehör gewichtete Auswahl stattfinden, wozu eine gute Ausdrucksweise besonders viel beiträgt.

(*De oratore* 3,150)

Kommen mehrere bedeutungsgleiche oder -ähnliche Begriffe in Betracht, so rät Cicero, sich die Wörter laut vorzusagen und schließlich dasjenige auszuwählen, das am schönsten klingt.

Aus einem Mangel an eigentlichen Begriffen haben sich übertragene, bildhafte Ausdrücke, also eine metaphorische Sprechweise, zum Redeschmuck entwickelt:

Denn wie Kleidung zuerst erfunden wurde, um sich vor Kälte zu schützen, dann aber allmählich zu einem Mittel wurde, um dem Körper ein schönes und würdevolles Aussehen zu verleihen, so ist auch die Übertragung eines Wortes aus einem Mangel heraus entstanden und hat sich zum beliebten Mittel der schönen Darstellung entwickelt. So sprechen auch die Bauern von den ›Augen der Reben‹, vom ›fetten Gras‹ und den ›reichen Feldern‹. (*De oratore* 3,155)

Der Grund, weshalb übertragene Ausdrücke größeres Gefallen finden als die eigentliche Sprechweise, liegt unter anderem darin, dass sie den beschriebenen Gegenstand sinnlich erfahrbar machen, wobei dem Sehsinn die größte Bedeutung zukommt:

Denn der ›Duft‹ der Großstadt, die ›Zartheit‹ menschlichen Gefühls, das ›Murmeln‹ des Meeres, der ›süße‹ Klang einer Rede sprechen die übrigen Sinne an. Ausdrücke, die den Sehsinn ansprechen, haben aber viel durchschlagendere Wirkung, da sie sozusagen das vor das geistige Auge stellen, was wir nicht sehen und wahrnehmen können. (*De oratore* 3,161)

Da die metaphorische Sprechweise Bilder im Kopf erzeugt, ist es unbedingt geboten, dass die Bilder stimmig und deutlich sind. Als schief gilt Cicero etwa ein Ausdruck des Dichters Ennius (239–169 v. Chr.): »des Himmels gewaltiges Gewölbe« – richtiger müsse der Himmel eine »Kugel« (*sphaera*) genannt werden. Statt ›Charybdis‹ (also die personifizierte Klippe, die alles verschlingt) solle man eher ›Abgrund‹ sagen, da der Hörer die Charybdis nur aus Geschichten kenne, einen Abgrund aber schon gesehen habe. Schließlich möge man sich auch vor Metaphern hüten, die anstößige Bilder entstehen lassen, so, wenn man über den Tod eines wichtigen Politikers sagte: der Staat sei ›kastriert‹ (*De oratore* 3,162–164).

Ein kunstvolles Beispiel für Ciceros Umgang mit der Metapher stammt aus der Stegreifrede gegen Catilina (zu diesem Fall siehe in Lektion 9), könnte aber freilich auch erst in der schriftlichen Version zur vollen Wirkung aufgehübscht worden sein:

Welchem Jüngelchen, das du durch deine unmoralischen Lockmittel ins Netz hast gehen lassen, hast du nicht entweder das Schwert zur verwegenen oder die Fackel zur lüsternen Tat vorangetragen? (*In Catilinam* 1,13)

Ciceros Metaphorik entwirft einerseits das Bild des verschlagenen Jägers, der Köder auslegt, um seine Beute zu fangen. Mit dem Ausdruck des Fackelträgers andererseits assoziierte das antike Publikum den Sklaven, der seinem Herrn bei nächtlichen Liebesabenteuern vorausleuchtete. Damit entstanden im

Kopf des Hörers augenblicklich negative Konnotationen: Catilina als aufrührerischer Menschenfänger ohne Anstand und Moral.

Der richtige Ton: Die angemessene Rede

Die gewählten Wörter oder Wortverbindungen ergeben den Ton oder Stil der Rede, wobei die wichtigste Stilkategorie das *aptum* ist, die sprachliche »Angemessenheit«:

Wie unpassend ist es doch, vor einem einzelnen Richter über Dachrinnen zu reden und dabei bedeutungsschwere Worte und hochtrabende Gedanken zu bemühen, über die Größe des römischen Volkes aber in gedämpftem Ton und spitzfindiger Formulierung zu sprechen. (*Orator* 72)

Damit der Redner den richtigen Ton trifft, hat er die Theorie der Stilhöhen zu beachten, die schematisch auf die drei Wirkungsbereiche des Redners – »beweisen« (*probare*), »unterhalten« (*delectare*), »bewegen« (*movere*) – angewandt werden können:

Die Beweisführung hat zwingend, die Unterhaltung angenehm zu sein, die Erregung von Gefühlen muss für den Sieg sorgen, denn sie hat ganz allein den größten Einfluss darauf, einen Fall für sich zu entscheiden. Doch gibt es für jede Aufgabe des Redners eine Stilart: Bei der Beweisführung hat man einen schlichten Stil anzuwenden, bei der Unterhaltung einen mittleren, bei der Erregung von Gefühlen einen leidenschaftlichen, worin allein die ganze Macht des Redners liegt. Um die drei unterschiedlichen Tonhöhen ins rechte Verhältnis zu bringen und gewissermaßen zu modulieren, ist ein hohes Urteilsvermögen und größtes Können vonnöten. Man hat nämlich zu beurteilen, welcher Stil zum jeweiligen Gegenstand passt, und man muss so sprechen können, wie es der Fall jeweils erfordert.

(*Orator* 69–70)

Cicero hatte keinen Zweifel daran, dieser Idealvorstellung zu entsprechen. So führte er seine eigenen Reden als Beispiele für den gelungenen ›Grundton‹ an:

Meine ganze Prozessrede für Caecina handelte vom Wortlaut einer Verfügung: Dort habe ich komplizierte Sachverhalte anhand von Definitionen erklärt, das Privatrecht angeführt, zweideutige Begriffe unterschieden. In der Rede über das manilische Gesetz musste Pompeius gewürdigt werden: Hierzu habe ich maßvoll rhetorische Schmuckmittel eingesetzt. Im Rabirius-Prozess ging es darum, die unverletzliche Hoheit des römischen Staates zu bewahren: Daher hielt ich eine flammende Rede, in der ich zu allen Mitteln des hohen Stils griff.

(*Orator* 102)

Während die ganze Rede von einer vorherrschenden Tonart bestimmt sein kann, sind die einzelnen Redeteile in ihrer stilistischen Gestaltung unterschiedlich zu handhaben:

Die Einleitung muss zurückhaltend sein, noch nicht mit pathetischen Worten aufgeladen, sondern mit prägnanten Sätzen, um entweder den Gegner anzugreifen oder sich selbst zu empfehlen. Die Erzählung, wenn sie glaubhaft sein soll, ist nicht im Stil eines Historikers zu behandeln, sondern soll sich der Alltagssprache annähern und klar und deutlich entfaltet werden. In Fällen von geringerem Belang ist sowohl in der Beweisführung als auch in der Widerlegung ein schlichter Stil zu wahren, wobei die Maßgabe gilt, dass bei steigender Bedeutung des Gegenstands auch der Stil an Höhe gewinnt. Lässt sich in einem Fall jedoch einmal eine kraftvolle Rede entfalten, dann soll sich der Redner weiter ausbreiten, dann soll er die Hörer mitreißen, auf sie einwirken und sie nach Belieben, das heißt, wie es das Wesen des Falles und die Umstände erfordern, in die richtige Stimmung versetzen. (*Orator* 123)

Für die stilistische Gestaltung des Schlusses empfiehlt Cicero die »Steigerung« (*amplificatio*):

Die Steigerung ist gewissermaßen eine stärkere Form der Bekräftigung, bei der ein Redner Glaubwürdigkeit gewinnt, indem er auf die Gefühle der Hörer einwirkt. Das lässt sich auf inhaltlicher wie auf sprachlicher Ebene erreichen. Man muss ausdrucksstarke, gebräuchliche Wörter wählen, die bedeutungsschwer und volltönend sind, außerdem zusammengesetzte Wörter, Wortschöpfungen, Synonyme, keine banalen, sondern erhabene und vor allem metaphorische Ausdrücke. (*Partitiones oratoriae* 53)

Schließlich kann durch den Stil der einzelnen Redeteile oder der gesamten Rede auch die Interaktion zwischen Redner und Publikum gesteuert werden. Diese psychologische und emotionale Wechselbeziehung war in der Lehre von Ethos und Pathos zusammengefasst, die Aristoteles im 4. Jahrhundert v. Chr. prominent im zweiten Buch seiner *Rhetorik* entfaltet hatte.

Ethos und Pathos

Cicero erklärte die Begriffe so:

Es sind zwei Gebiete, deren gekonnte Behandlung durch den Redner eine der Bewunderung würdige Redekunst hervorbringt. Das eine ist das, was die Griechen *ēthos* nennen, das den natürlichen Voraussetzungen, dem Charakter und der gesamten Lebensweise entspricht. Das andere nennen sie *pathos*, wodurch man die Zuhörer bewegt und erschüttert und worin der alleinige Herrschaftsbereich der Rede liegt. Das Ethos besteht darin, zuvorkommend und liebenswürdig zu sein, und dient dazu, Wohlwollen zu gewinnen. Pathos meint leidenschaftliche, glühende Erregung, mit der man in Gerichtsprozessen das Ruder herumreißen kann. Wenn es einmal Fahrt aufgenommen hat, kann man ihm nicht widerstehen.

(*Orator* 128)

Beim Ethos geht es darum, dass der Redner den eigenen Charakter mit stilistischen Mitteln zum Ausdruck bringt, und zwar unter besonderer Berücksichtigung der Angemessenheit. So wäre es etwa unpassend, wenn ein älterer Mensch wie ein jüngerer spräche oder ein Landwirt wie ein Jurist, und jeweils umgekehrt. Das Pathos zielte darauf, mit den Mitteln der Sprache die jeweils gewünschte Stimmung beim Publikum hervorzurufen. Die Gefühlslagen waren hier überaus vielfältig:

Man muss es dazu bringen, dass der Richter Zorn und Milde empfindet, Neid und Zuneigung, Verachtung und Bewunderung, Hass und Liebe, Begehren und Ekel, Hoffnung und Furcht, Freude und Schmerz. (*Orator* 131)

Ob Cicero die Darstellung des Ethos beherrschte, ist fraglich. Zwar zeigt er sich in seinen Redeeinstiegen häufig als zurückhaltender, fast schüchterner Redner. Allerdings ließ er sich – das Motiv ist in nahezu allen Reden überaus präsent – häufig vom Stolz auf seine eigene Leistung zum Selbstlob hinreißen. Dass dies bereits von den Zeitgenossen als wenig sympathisch empfunden wurde, geht aus einer Bemerkung in Plutarchs Cicero-Vita hervor, die rund 150 Jahre nach dem Tod des römischen Redners entstand (*Cicero* 24,1): »Zwar hatte er zu dieser Zeit [nämlich als Konsul] die größte Macht im Staat inne, doch machte er sich bei vielen verhasst, nicht etwa aufgrund einer verwerflichen Tat, sondern weil er sich ständig selbst großspurig lobte und damit den Zorn vieler Leute auf sich zog.«

So wenig Cicero zuweilen das angemessene Ethos zu wahren wusste, so großartig war er in der emotionalen Steuerung des Publikums. So erwirkte er – vor Caesar als Richter – den Freispruch des Pompeius-Anhängers Quintus Ligarius, obwohl dieser den Kampf gegen Caesar auch dann noch fortgesetzt hatte, als Pompeius in der Schlacht von Pharsalos (am 9. August 48 v. Chr.) bereits vernichtend geschlagen war. Über die Wirkung des ciceronianischen Plädoyers für Ligarius weiß wiederum Plutarch zu berichten (*Cicero* 39,6): »Als Cicero zu sprechen begann und eine herzergreifende Rede hielt, die vielfältige Stimmungen (*pathos*) heraufbeschwor und von hinreißender Anmut war, da habe Caesar im Gesicht häufig die Farbe gewechselt und offensichtlich alle erdenklichen Gemütszustände durchlebt, und als der Redner zuletzt auf die Schlacht von Pharsalos zu sprechen kam, da sei Caesar so ergriffen gewesen, dass er am ganzen Körper zitterte und ihm einige Akten aus der Hand fielen.«

Cicero verstand es, virtuos auf der Klaviatur der Gefühle zu spielen. Sein rhetorisches ›Markenzeichen‹ aber war das Mitleid, das er, besser als alle anderen, vor allem im Schlussteil seiner Reden zu beschwören wusste:

Was soll ich erst über die Erregung von Mitleid sagen? Zu diesem Mittel habe ich umso häufiger gegriffen, da mir jeder, auch wenn wir mehrere Anwälte waren, die Schlussrede überließ. Dass man mich darin für hervorragend hielt, habe ich nicht durch mein Talent erreicht, sondern dadurch, dass ich mich dem Schmerz überließ. (*Orator* 130)

Ein Beispiel für die Beherrschung des Mitleids und gleichzeitig für den pathetischen Schluss gibt Cicero in einer Rede aus dem Jahr 62 v. Chr. für einen gewissen Publius Sulla, der aufgrund angeblicher Verstrickungen in die Catilinarische Verschwörung (zu diesem Fall siehe in Lektion 9) angeklagt war. Einige Jahre zuvor hatte Sulla die Wahl zum Konsul gewonnen, konnte das Amt aufgrund der Anklage eines Mitbewerbers aber nicht bekleiden und wurde sogar aus dem Senat ausgestoßen. Dies genügte Cicero, um aus Sulla einen tragischen Helden von unermesslicher Fallhöhe zu machen:

Was war das für ein schlimmer Unglückstag, als Publius Sulla von allen Bezirken zum Konsul gewählt worden ist, wie trügerisch waren seine Hoffnungen, wie flüchtig sein Glück, wie nichtig sein Ehrgeiz, wie widersinnig die Glückwünsche! Wie schnell hat sich all das jauchzende Glück in tränenblinde Trauer verwandelt, dass er, der noch vor Kurzem Konsul werden sollte, plötzlich nicht einmal mehr eine Spur des alten Ansehens wiederfindet. Welches Unglück fehlte ihm denn noch, dem man den guten Namen, das ehrenvolle Amt, die Habe nahm? Für welches neue Leid ist denn noch Raum? Wieder schlägt das Schicksal zu und findet neuen Jammer, es duldet nicht, dass dieser Unglücksmensch nur von einem Leid gebrochen wird und nur den einen Kummertod stirbt. Doch mein Schmerz, ihr Richter, lässt mich stocken, und ich kann nicht weiter über sein Elend sprechen. Bei euch nun liegt es, Richter; ich empfehle diesen Fall ganz eurer Milde und eurem menschlichen Mitgefühl.

(*Pro Sulla* 91–92)

Wieder war Cicero erfolgreich: Sulla wurde freigesprochen, doch böse Zungen behaupteten, dass sich Cicero seine Dienste von Sulla fürstlich entlohnen ließ, um ein Haus auf dem Palatin finanzieren zu können (Gellius, *Noctes Atticae* 12,12). Und auch dies mag zur Wahrheit über den Redner Cicero gehören: Er war ein hervorragender Stilist, doch er konnte sein leidenschaftlichstes Pathos selbst einem Mitverschwörer Catilinas leihen – wenn dieser nur genug bezahlte.

LEKTION 8:
Mit Humor gewinnen

Moderne Handreichungen zur Rhetorik betonen stets, wie wichtig es ist, eine Rede oder Präsentation humorvoll zu gestalten. In Rhetorik-Kursen wird besonderer Wert darauf gelegt, aufzuzeigen, wie und an welcher Stelle man Humor effektvoll anbringen kann. Damit ist eine alte Frage gestellt, die bereits in der Antike ausführlich (und man darf vorwegnehmen: viel detaillierter als heute) diskutiert wurde: (Wie) Lässt sich Humor lehren? (Wie) Kann man lernen, witzig zu sein?

Die Bedeutung des Humors in der Antike wird heute vielfach unterschätzt. Das Lachen mag nicht recht zu den verbreiteten Vorstellungen von Würde und geistiger Größe passen, die im Lateinunterricht vermittelt werden. Dabei spielte der Humor in Rom eine bedeutende gesellschaftliche Rolle: Für die Beherrschung des feinen gesellschaftlichen Humors gab es sogar einen Begriff – *urbanitas*, die ›hauptstädtische‹ Umgangsform, von *urbs* als Bezeichnung für Rom. Quintilian schlug vor, Humorübungen auf den Lehrplan der Schule zu setzen, damit die angehenden Redner frühzeitig die Kunst erlernten, witzig zu sein (*Institutio oratoria* 6,3,15).

Es ist also nicht verwunderlich, dass man sich bereits in der Antike auch wissenschaftlich mit dem ›Lachhaften‹ beschäftigte, während die heutige Lach-Wissenschaft, Gelotologie (von griechisch *gelōs*, »Lachen«), als eigene Disziplin erst seit den 1960er Jahren besteht. So traten bereits die Griechen als Verfasser wissenschaftlicher Traktate »über das Lächerliche« (*peri geloiu*) hervor, die allerdings von Cicero als fade und witzlos (*insulsi*, von *sal*, »Salz«, also dem ›gesalzenen‹ Witz) empfunden wurden – eine Einschätzung übrigens, zu der wir heute angesichts der Abhandlungen der Römer ebenfalls kommen könnten.

Cicero galt zu Lebzeiten als einer der größten römischen Humoristen, der es weder im Alltag noch auf dem Forum an geistreichem Witz hat fehlen lassen. Vermutlich war es sein Freigelassener Tiro, der eine dreibändige Sammlung mit Witzen des großen Redners in Umlauf brachte. Darunter befand sich wohl auch einiges Geschmacklose – jedenfalls schieden sich die Geister an den humoristischen Qualitäten dieser Proben.

Cicero hatte aber nicht nur selbst einen Hang zum Witz, er befasste sich auch theoretisch in seinen rhetorischen Werken damit. Die längste systematische Ausführung dazu legt er dem Dialogteilnehmer Gaius Iulius Caesar Strabo, einem als besonders pfiffig geltenden Redner der Generation vor Cicero, in *De oratore* in den Mund. Zwar reizen uns die zahlreichen ›witzigen‹ Beispiele, die Cicero bringt, wohl nicht mehr so unmittelbar zum Lachen wie die Menschen von einst und mögen uns ebenfalls etwas fade vorkommen. Doch es sind die zeitlosen Fragen, auf die Cicero noch immer sehr gute Antworten geben kann: Was leistet Humor? Kann man Humor lernen? Weshalb ist ein Witz witzig? Wie weit darf man gehen?

Humor als rhetorisches Wundermittel

Cicero sieht Humor, wenn er richtig eingesetzt wird, als wahres Wundermittel für Redner und Rede. In verfahrenen Situationen könne er sogar die Wirkung eines Arguments annehmen, indem er negative Stimmungen überwindet:

Ein Redner hat selbstverständlich die Aufgabe, die Leute zum Lachen zu bringen, und zwar weil ...

- der, der beim Publikum für Heiterkeit gesorgt hat, dessen Zuneigung gewinnt,
- alle den Scharfsinn bewundern, der häufig in einem einzigen Wort zum Ausdruck kommt, am meisten bei einer schlagfertigen Antwort, manchmal auch bei einer herausfordernden Bemerkung,
- man den Gegner mit Humor brechen, behindern, besänftigen, abschrecken und widerlegen kann,
- sich der Redner mit Humor als kultivierter, gebildeter und geistreicher Mensch zu erkennen gibt,
- Humor vor allem Traurigkeit lindert, strengen Ernst auflockert und heikle Angelegenheiten häufig in Scherz und Gelächter auflöst. (*De oratore* 2,236)

Dass Cicero hier aus Erfahrung spricht, geht aus einer Notiz des Macrobius (4./5. Jahrhundert n. Chr.) zur Rede *Pro Flacco* hervor (*Saturnalien* 2,1,13): Cicero habe für den wegen Erpressung angeklagten Lucius Valerius Flaccus trotz »offensichtlichster Vergehen« mit einem Witz zur rechten Zeit den Freispruch erwirkt – der rettende Witz selbst ist leider nicht überliefert.

Lässt sich Humor lehren und lernen?

Obwohl Humor für die Interaktion von Redner und Publikum so bedeutend ist, lässt er sich nur schwer erlernen. Cicero unterteilte den Humor in eine amüsante Redeweise einerseits und den Witz, den spontanen Einfall, andererseits. Für beides sei es schwierig, eine systematische Lehre anzubieten, da Witz, Humor und Schlagfertigkeit Sache der Veranlagung und des Charakters seien. Wer kennt ihn nicht, den Treppenwitz, der einem zu spät, erst beim Hinausgehen auf der Treppe einfällt?

Ich sehe daher überhaupt nicht, wie sich dieses Gebiet theoretisch vermitteln ließe. Nun gibt es ja zwei Arten des Humors: bei der einen ist der Humor gleichmäßig über die ganze Rede verteilt, die andere ist pointiert und prägnant. Die erste Art nannten die Alten ›humorig‹, die zweite ›witzig‹. Was für lächerliche Bezeichnungen das doch sind! Wen wundert es: Lächerlich ist ja dieser ganze Bereich des Lachens. Dennoch habe ich in Gerichtsfällen ... sehr häufig erlebt, wie viel man mit Humor und Scherz erreichen kann. Aber wenn sich bei der durchgängigen humorvollen Redeweise schon keine Theorie anwenden lässt – die Natur bildet ja die Menschen aus und lässt sie durch Gesichtsausdruck, Stimme und Sprechweise zu guten Darstellern und humorvollen Erzählern werden –, wie sollte theoretische Unterweisung dann beim Witz funktionieren, der schon eingeschlagen haben muss, bevor wir darüber hätten nachdenken können.

(*De oratore* 2,218–219)

Schließlich gibt Cicero aber doch noch eine umfangreiche Humortheorie, von der man zumindest lernen kann, wie ein Witz überhaupt zustande kommt und besonders, wann man einen Witz machen kann und wann man ihn besser »wie eine Flamme im brennenden Mund« behält (*De oratore* 2,222).

Worüber lacht man also?

Lachen entsteht, indem Erwartungen enttäuscht werden, indem man sich über die Eigenarten anderer lustig macht und im Scherz auf die eigenen verweist, indem man die Ähnlichkeit mit etwas Hässlicherem hervorhebt, außerdem durch Ironie, unangebrachte Äußerungen und Aufdeckung von Dummheit. (*De oratore* 2,289)

Das humorvolle Spiel mit den Schwächen anderer Leute wirkte damals wie heute. Je unerwarteter und pointierter ein solches Spiel ist, desto größer ist seine Wirkung. Cicero gibt das Beispiel des Prätors Scipio, der einen wenig scharfsinnigen Freund einem anderen als Anwalt vermitteln wollte. Dieser lehnte dankend ab:

Bitte, Prätor, gib diesen Anwalt meinem Gegner, dann brauchst du mir keinen zu geben. (*De oratore* 2,280)

Wortwitz und Sachwitz

Unterschieden wird zwischen Wortwitz und Sachwitz, die dann wirken, wenn sie auf einen ›deformierten‹ Gegenstand angewendet werden:

Wir wollen nun die Arten durchgehen, die am meisten für Gelächter sorgen. Hierbei soll die folgende Einteilung gelten: Humor kann in der Sache und im Ausdruck liegen. Am meisten lachen die Menschen über den Humor, der zugleich auf der Sach- und Ausdrucksebene wirkt. Beachtet aber bitte Folgendes: Aus nahezu allen von mir genannten Fundstellen des Humors lassen sich auch ernsthafte Überlegungen gewinnen. Der Unterschied besteht darin, dass sich Ernsthaftigkeit auf den Bereich des Anständigen und Aufrichtigen erstreckt, Scherzhaftigkeit auf das Anrüchige und sozusagen Hässliche. (*De oratore* 2,248)

Angefügt wird das Beispiel eines diebischen Sklaven, über den jemand sagte:

Er ist der Einzige, für den zu Hause nichts abgesperrt und verschlossen ist. (*De oratore* 2,248)

In der Aussage allein, das heißt *in verbo*, liegt noch kein Witz, im Gegenteil: Der Satz ist als Lob für einen guten Sklaven gedacht, dem man blind vertrauen kann. Auch in der Sache, *in re*, liegt der Witz nicht: Ein diebischer Sklave hat, insbesondere für den Hausherrn, nichts Witziges. Der Witz liegt in der ironischen Zweideutigkeit, die durch das Zusammentreffen der positiven Aussage mit dem ›deformierten‹ Gegenstand, dem findigen Dieb im eigenen Hause, zustande kommt.

Die Bereiche Wortwitz und Sachwitz werden jeweils weiter unterteilt. Auf der Wortebene können vor allem Zweideutigkeiten und Paronomasien, das heißt Wörter, die sich im Klang ähneln, aber Unterschiedliches oder Gegensätzliches bezeichnen, scherzhaft verwendet werden. So kann es situationsbedingt witzig wirken, jemanden, der adelig ist, sich aber etwas hat zu Schulden kommen lassen, mit ›tadeliger Herr‹ anzusprechen (angelehnt an das Wortspiel in *De oratore* 2,256: *nobilior/mobilior*).

Hierzu gehören auch die zweideutigen Verballhornungen von Namen, die heute infantil wirken, an denen sich Cicero jedoch kaum sattsprechen konnte. Lieblingsopfer war der erpresserische Statthalter Siziliens, Gaius Verres, dessen Name »Eber, Wildschwein« bedeutet und wovon man das Verb *verrere*, »fegen, kehren« ableiten konnte (zu diesem Fall siehe in

Lektion 3). Natürlich gäbe ein hochrangiger Politiker namens ›Peter Schwein‹ oder ›Hans Besen‹ auch heute noch, zumindest im komödiantischen Feld, Anlass zu infantiler Witzelei; Cicero aber setzte sie gezielt auf politischem Parkett zur öffentlichen Demütigung des Feindes ein:

Hat es je, ihr Richter, in irgendeiner Provinz einen derartigen Besen gegeben [wie Verres, der die Habseligkeiten der Sizilianer aus den Häusern fegt]? (*In Verrem* 2,4,53)

Und wenig später:

Aber was machen wir mit dem Schwein, das wir anhand seiner Schlammspuren verfolgen können, die es überall hinterlassen hat? (*In Verrem* 2,4,53)

Auf der Sachebene wirkt dasjenige komisch, was in irgendeiner Weise moralisch oder körperlich deformiert ist. Dabei war der antike Redner keineswegs zimperlich: Sah man sich etwa vor Gericht jemandem gegenüber, der an einem körperlichen Makel litt, so goss man darüber genüsslich Hohn und Spott aus. So sagte Cicero in einer Rede gegen seinen Feind Publius Vatinius, der als besonders hässlich galt und dessen Gesicht und Hals offenbar von eitrigen Schwellungen geplagt war:

Im Zorn auf die Welt bist du hierhergekommen: Das habe ich gespürt und vorausgesehen, sobald ich dich sah und noch bevor du zu reden begonnen hattest. Plötzlich bist du hervorgeschnellt wie eine Schlange aus ihrem Versteck, mit stechenden Augen, aufgeblähtem Hals und geschwollenem Nacken. (*In Vatinium* 4)

Solcherart Entgleisungen und Invektiven sind heute freilich weitgehend und mit gutem Grund aus dem öffentlichen Raum verschwunden und der Political Correctness gewichen. Die Mechanismen, wie man seine Gegner durch spöttische Bloßstellung ihrer Schwächen diffamiert, haben sich allerdings nicht geändert.

Ein vorzügliches Beispiel für Ciceros Beherrschung von Humor in Wort und Sache ist die Beschreibung der Gefolgschaft des Verschwörers Catilina (zu diesem Fall siehe in Lektion 9):

> Sie vertrauen wohl deshalb darauf, gut durch den Winter zu kommen, weil sie bei ihren Gelagen gelernt haben, nackt zu tanzen. Welch fürchterlicher Krieg steht uns da bevor, wenn Catilina mit seiner Leibwache von Flittchen anrückt! Bürger Roms, rüstet eure Soldaten und eure Heere gegen die ehrbaren Truppen Catilinas!
>
> (*In Catilinam* 2,23–24)

Im Zitat drängen sich Wortspiele (so die lautliche Ähnlichkeit gegensätzlicher Begriffe, Paronomasie, bei *scortorum cohortem*, »Leibwache von Flittchen«), Doppeldeutigkeiten (*praeclarae copiae*, »ehrbare Truppen«), Ironie (»fürchterlicher Krieg«), karikierende Bloßstellung (nacktes Tanzen beim Gelage).

In Ciceros Reden treffen wir allerdings auch den feineren, ›urbanen‹ Humor an, der weniger laut und aggressiv wirkt. In einer seiner witzigsten Reden, dem Plädoyer für Murena, der vom Juristen Servius Sulpicius Rufus und vom stoisch gesinnten Politiker Marcus Porcius Cato der Wählerbestechung angeklagt war, nahm Cicero nacheinander die Berufszweige der Ankläger aufs Korn. So karikierte er die unpraktischen Prozessregeln, das umständliche Juristenlatein und die gesamte juristische Profession, die er eine niedere »Buchstaben- und Zeichensetzungswissenschaft« nannte (*Pro Murena* 25–26). Die stoische Philosophie wiederum bedachte er mit spöttischer Ironie:

Da gab es ein Genie namens Zenon, ›Stoiker‹ nannten sich die Anhänger seiner Lehre. Seine Merksätze und Regeln lauten wie folgt: Der Weise lässt niemals Nachsicht walten, niemals verzeiht er jemandem einen Fehltritt. Nur ein trotteliger Taugenichts empfindet Mitleid. Ein echter Mann lässt sich weder erweichen noch versöhnen. Nur der Weise ist schön, auch wenn er fürchterlich hässlich ist, und reich, auch wenn er bettelarm ist, und ein König, auch wenn er ein Knecht ist. (*Pro Murena* 61)

Urbaner ist der Humor hier, weil Cicero keine Personenangriffe vornehmen wollte – dafür schätzte er beide Ankläger persönlich zu sehr. Stattdessen nahm er ihre Berufe ins Visier und überzeichnete diese so stark, dass sich Servius und Cato nicht persönlich beleidigt fühlen mussten. Bei den Richtern verfing Ciceros Strategie der lockeren Satire: Murena wurde freigesprochen.

Wie weit darf man gehen?

Der Umgang mit Humor und Witz unterliegt jedoch – zumindest in der Theorie – klaren Regeln, die bis heute nichts an Gültigkeit verloren haben:

Wir raten zu folgendem Umgang des Redners mit dem Witz:
- nicht zu häufig, damit es nicht albern wird,
- keine zweideutigen Anspielungen, damit es nicht wie eine Schmierenkomödie wirkt,
- nicht frivol, damit es nicht unanständig ist,
- nicht bei einem Unglück, damit es nicht unmenschlich wirkt,
- nicht bei einem Verbrechen, damit nicht gelacht wird, wo man sich empören muss,
- nicht in einer Weise, die der eigenen Person, den Richtern oder der Situation unangemessen wäre.

All das fällt unter die Kategorie der Unangemessenheit. Außerdem soll man allzu Gesuchtes vermeiden, wenn man es nicht spontan anzubringen weiß, sondern zu Hause vorbereitet hat – das klingt nämlich in den meisten Fällen platt. Freunde und angesehene Personen sind zu verschonen, nicht wiedergutzumachende Beleidigungen zu meiden, lediglich Gegner darf man unter Beschuss nehmen, doch auch sie nicht immer, nicht voll und ganz und nicht auf jede erdenkliche Weise. (*Orator* 88–89)

Was der Redner unbedingt zu meiden hat, sind Witze auf Kosten der eigenen Freunde (zumal, wenn diese keinen Spaß verstehen) oder wichtiger hochstehender Persönlichkeiten – beides befolgte Cicero in der Rede für Murena. Das Sprichwort: »Lieber einen Freund als einen Witz verlieren« (*potius amicum quam dictum perdere*) wird für den Redner streng abgelehnt. Und Vorsicht – ein an sich guter Witz kann durch die Umstände verdorben werden und sich schädlich für den Redner auswirken, wie Cicero anhand eines Beispiels erläutert:

Ein winzig kleiner Mensch trat in den Zeugenstand. Philippus fragte: »Darf ich ihn etwas fragen?« Der Untersuchungsrichter hatte es eilig und sagte: »Ja, aber nur kurz.« Darauf Philippus: »Du wirst nicht klagen können: Ich werde nur eine winzige Kleinigkeit fragen.« Wunderbarer Humor! Doch leider war der vorsitzende Richter Lucius Aurifex selbst noch kleiner als der Zeuge, so dass alle über den Richter lachten und der Witz zur Peinlichkeit wurde. (*De oratore* 2,245)

An die Vorschrift, sich bei der spöttischen Verunglimpfung anderer Personen zurückzuhalten, hat sich Cicero selbst übrigens nicht allzu genau gehalten. So berichtet Plutarch am Beginn des 2. Jahrhunderts in seiner Cicero-Vita (*Cicero* 27): »Zwar gehört beißender Witz gegen Feinde und Prozessgegner wohl zum Rednergeschäft dazu; mit seinen wahllosen Beleidigungen aber, die Cicero ausstieß, um Gelächter zu ernten, zog er sich den Hass vieler Leute zu.« Plutarch gibt auch Proben von Ciceros unangemessenem Witz (*Cicero* 26,6 und 8): »Zu Metellus Nepos, der Cicero in einem Streitgespräch wiederholt fragte: ›Wer ist dein Vater?‹, sagte er: ›Dasselbe könnte ich dich fragen, doch hat dir deine Mutter die Antwort darauf nicht leicht gemacht.‹« »Als Marcus Appius vor Gericht seine Rede mit den Worten einleitete, ein Freund habe ihn gebeten, Sorgfalt, Eloquenz und Redlichkeit aufzubieten, sagte Cicero: ›Und doch bist du so hartherzig, dass du nichts von dem bietest, worum dich dein Freund gebeten hat?‹«

Ciceros Humortheorie bietet Rednerinnen und Rednern noch heute nützliche und überraschende Einsichten. Doch, wie gezeigt, lässt sich vom Praktiker Cicero auch folgendes Wichtige lernen: Man halte sich fern von übertriebenem Spott und dem Witz um jeden Preis; es ist der feine, ›urbane‹ Humor, der die Sympathie des Publikums gewinnt und die Freunde nicht vor den Kopf stößt.

LEKTION 9: Frei und sicher sprechen

In den *Ratschlägen für einen schlechten Redner* aus dem Jahr 1930 gab Kurt Tucholsky eine ironische Anweisung zum Vortragsstil: »Sprich nicht frei – das macht einen so unruhigen Eindruck. Am besten ist es: du liest deine Rede ab. Das ist sicher, zuverlässig, auch freut es jedermann, wenn der lesende Redner nach jedem viertel Satz misstrauisch hochblickt, ob auch noch alle da sind. Wenn du gar nicht hören kannst, was man dir so freundlich rät, und du willst durchaus und durchum frei sprechen ... du Laie! Du lächerlicher Cicero!«

Frei und dennoch sicher zu sprechen, das heißt, ein »lächerlicher Cicero« zu werden, sollte zweifellos das Ziel eines jeden Redners sein. Sich nicht über das Pult zu beugen, um abzulesen, nicht nach hinten, um rasch noch etwas nachzusehen, sondern aufrecht dazustehen und ohne Notizzettel über die schwierigsten Themen zu sprechen galt bereits in der Antike als höchstes Qualitätsmerkmal eines Redeauftritts. Und auch hier überließ man nichts dem Zufall und wenig dem Talent: Das probate Mittel, um frei zu sprechen, war, die Rede auszuformulieren, sie möglichst auswendig zu lernen und dann so vorzutragen, als sei sie gerade nicht ausformuliert oder auswendig gelernt.

Das Gedächtnis

Dem Gedächtnis (*memoria*) kam hierbei eine so große Rolle zu, dass es als vierter Arbeitsgang des Redners, sozusagen als Bindeglied zwischen Vorbereitung und Auftritt, fest in der Rhetorik-Theorie verankert war. Durch Vernachlässigung des Gedächtnisses konnte der beste Redner untergehen:

> Was soll ich erst vom Gedächtnis sagen, der Schatzkammer aller Dinge? Wenn diesem nicht die Argumente oder Formulierungen zur Verwahrung gegeben werden, die man gefunden und sich überlegt hat, so gingen selbst all die vorzüglichsten Eigenschaften eines Redners verloren. (*De oratore* 1,18)

Weshalb das Gedächtnis zur Rhetorik wesentlich dazugehörte, ist heute nicht mehr ohne Weiteres nachvollziehbar. Beeindruckt ist man freilich von Gedächtniskünstlern, die sich endlose Begriffsketten in kürzester Zeit merken können; auch ein im passenden Moment ›aus dem Kopf‹ zitiertes Gedicht verfehlt selten seine Wirkung. Als wirklich praxisrelevant gelten solche Darbietungen aber nicht. Dies hat den Grund unter anderem darin, dass uns heute eine große Vielfalt leicht zugänglichen Wissens zur Verfügung steht und man auf Schritt und Tritt ›nachsehen‹ kann, dass das Gedächtnis also gewissermaßen aus der Mode gekommen ist.

Hierin unterscheidet sich die antike Kultur von der heutigen: Im Athen des 5. und 4. Jahrhunderts v. Chr. galt ein Manuskript-Tabu, in Rom war es zwar durchaus erlaubt, beim Reden flüchtige Blicke auf einen Notizzettel zu werfen, doch auch hier hatte freies Sprechen oberste Priorität. Man formulierte die Rede also zu Hause ganz oder weitgehend aus und memorierte sie, damit man sie frei vortragen konnte. Ob man nun Argumentationsbausteine, das heißt Gemeinplätze, auswendig lernte, um sie in einer bestimmten Situation spontan vorbringen zu können, oder ob man seine Rede zur Gänze memorierte: es bedurfte einer Technik für schnelles und sicheres Auswendiglernen.

Die Loci-Methode

Hierzu behalf man sich der noch heute unter ihrem lateinischen Namen bekannten Loci-Methode und schritt in Gedanken verschiedene »Orte« (*loci*) ab, an denen man seine Gedanken hinterlegt hatte. Die legendenhafte Erfindung dieser Methode durch den griechischen Dichter Simonides (6./5. Jahrhundert v. Chr.) schildert Cicero in einer makabren Anekdote:

Simonides soll, so geht die Legende, im thessalischen Krannon beim wohlhabenden und vornehmen Skopas zum Festmahl eingeladen gewesen sein und ein Lied auf den Gastgeber gesungen haben, worin er, wie es Dichter eben tun, um ihre Lieder auszuschmücken, weite Teile dem (mythologischen Brüderpaar) Kastor und Pollux widmete. Da habe der Geizhals von Gastgeber zu Simonides gesagt, er werde ihm für das Gedicht nur die Hälfte des vereinbarten Honorars bezahlen. Den Rest könne er sich gern von den Tyndariden [= Kastor und Pollux] erbitten, da ihnen das Loblied ja ebenfalls zur Hälfte gegolten habe. Kurz darauf sei Simonides nach draußen gerufen worden: Zwei junge Männer stünden an der Tür, die dringend nach ihm verlangten. Da sei Simonides aufgestanden und nach draußen gegangen, habe aber niemanden gesehen. In der

Zwischenzeit sei das Zimmer, in dem Skopas speiste, eingestürzt und habe ihn mitsamt seinen Angehörigen unter sich begraben und getötet. Als die Verwandten sie hätten bestatten wollen, sie aufgrund der Verstümmelungen aber nicht zuordnen konnten, da habe sich Simonides erinnert, wer an welchem Platz gelegen hatte, und die Leichen so den richtigen Gräbern zuweisen können. Durch diese Geschichte soll er auf die Entdeckung gebracht worden sein, dass vor allem die räumliche Anordnung zu einer klaren Erinnerung verhilft. Wer also diesen Teil seines Denkens verbessern wolle, müsse sich Orte aussuchen und die Inhalte, die er im Gedächtnis behalten will, im Kopf als Bilder darstellen und an diesen Orten hinterlegen. So würde die richtige Reihenfolge der Inhalte durch die Reihenfolge der Orte sichergestellt, auf die Inhalte selbst verwiesen ihre Bilder, und man könne die Orte wie eine Schreibtafel, die Bilder im Kopf wie Buchstaben verwenden. (*De oratore* 2,352–354)

Fraglos ist die Loci-Methode nützlich, um sich die einzelnen Teile einer Rede oder wichtige Gesichtspunkte zu merken. Da man allerdings selten große Mengen geschriebenen Texts auswendig lernen kann, zumal in Berufen, die häufiges Reden erfordern, ist ein Manuskript oder die Aufzeichnung wesentlicher Gesichtspunkte zumindest nützlich. Dies führt zur bereits in der Antike behandelten Frage: Soll man sich an sein Manuskript halten oder möglichst frei, mit dem Anschein von oder mit echter Spontaneität, vor das Publikum treten?

Frei sprechen: Die Frage des Manuskripts

Die Vorzüge des einen und des anderen liegen auf der Hand: Die ausformulierte Rede, die man abliest oder auswendig vorträgt, erlaubt es, mit größerer Sicherheit aufzutreten, präziser zu sein, eine größere Fülle an Informationen zu bieten und stilistisch zu brillieren. Eine frei und spontan gehaltene Rede wirkt hingegen authentischer, stellt einen engeren Bezug zwischen Redner und Publikum her und ermöglicht es, gezielter auf Stimmung und Reaktion der Hörer einzugehen. In der Antike wählte man meist eine Mischform aus schriftlich fixierter, gedanklich vorkonzipierter und spontaner Rede. Dass dies auch Ciceros Methode war, wird deutlich aus den Konzeptpapieren (*commentarii*), die sein Freigelassener Tiro gesammelt hatte und die Quintilian rund 150 Jahre später noch kannte (*Institutio oratoria* 10,7,30): »Meistens gehen die, die häufig Reden halten, so vor, dass sie das Wichtigste und auf jeden Fall die Einleitung schriftlich ausformulierten, das Übrige, was sie zu Hause vorbereitet haben, legen sie sich im Kopf zurecht, unvorhergesehenen Situationen begegnen sie aus dem Stegreif. Dass Cicero das so gehandhabt hat, geht aus seinen Notizen hervor.«

Dass ein Manuskript nützlich sein kann, erklärt Cicero anhand des Vergleichs der Rede mit einem Schiff:

Wer von häufigen Schreibübungen zum Sprechen übergeht, bringt die Fähigkeit mit, auch in spontaner Rede so zu sprechen, dass das Gesagte Ähnlichkeit mit der schriftlichen Fassung aufweist. Und selbst wenn man zum Vortrag einmal eine Schriftfassung mitbringt, so wird die Rede auch bei Abweichungen in ähnlicher Weise weitergehen. Wie ein Schiff seine Bewegungsrichtung auch dann beibehält, wenn die Ruderer in voller Fahrt innehalten und der Antrieb der Ruderschläge aussetzt, so bleibt die Rede bei einem zusammenhängenden Vortrag auch dort auf Kurs, wo keine schriftliche Fassung mehr vorliegt, indem sie im Takt des Geschriebenen weiterläuft. (*De oratore* 1,152–153)

Maßvoller Einsatz eines Manuskripts kann einer Rede die notwendige Struktur geben. Allerdings nützt ein Manuskript vor allem für den zusammenhängenden Vortrag (*perpetua oratio*).

Sobald ein Redner auf Rückfragen eingehen muss und vielleicht schon während der Rede unterbrochen wird – man denke etwa an die Störversuche im Plenarsaal des Bundestags oder an das Polittheater im House of Commons –, wird er von der Redevorlage abweichen müssen. Auch in den Gerichtsverhandlungen auf dem Forum Romanum oder in politischen Debatten im Senat konnte es ordentlich zur Sache gehen. Nicht umsonst bezeichnete Cicero die öffentliche Rede als Kriegsschauplatz, wo nur die Schlagfertigsten überlebten (siehe Seite 37). In Situationen, die rhetorische Gewandtheit und Spontaneität erforderten, zeigte sich nach antiker Einschätzung das wahre Können eines Redners. So beschrieb Quintilian die Fähigkeit zur Stegreifrede als Ziel schlechthin, als »größten Ertrag der Ausbildung« (*Institutio oratoria* 10,7,1).

Die Stegreifrede

Am Höhepunkt seiner politischen Karriere hatte Cicero von der Stegreifrede Gebrauch zu machen. In sein Konsulatsjahr 63 v. Chr. fiel die Verschwörung des Lucius Sergius Catilina, der nach zwei gescheiterten Bewerbungen um das Konsulat gewaltsam durchzusetzen suchte, was er auf politischem Wege nicht erreicht hatte. Catilinas Verbündeter Gaius Manlius hob im etrurischen Faesulae (dem heutigen Fiesole bei Florenz) eine Armee aus, von wo aus am 27. Oktober die militärische Operation beginnen sollte. In Rom sollten Attentate auf hochrangige Politiker verübt werden. In der Nacht vom 6. auf den 7. November trafen sich die Verschwörer und beschlossen die Ermordung Ciceros, der jedoch durch einen Spitzel unterrichtet war. Am 8. November berief Cicero eine Senatssitzung ein, um über die Umtriebe Catilinas zu informieren. Da erschien Catilina überraschend im Senat, um seine Unschuld vorzutäuschen. Dieser Situation verdanken wir den wohl berühmtesten Redebeginn der Geschichte, dessen emotionale Spontaneität sich auch in der späteren Schriftfassung erhalten hat:

Bis zu welchem Punkt, Catilina, willst du unsere Geduld missbrauchen? Wie lange wirst du uns mit deinen Wahnsinnstaten verspotten? Welches Maß willst du deiner prahlerischen, zügellosen Frechheit setzen? Konnte dich denn nichts erschüttern: nicht die Truppen, die nachts den Palatin bewachen, nicht die Stadtpatrouille, nicht das sich ängstigende Volk, nicht der gemeinsame Auftritt aller Gutgesinnten, nicht die strikte Abriegelung des Senatsortes, nicht die Blicke und der Gesichtsausdruck der hier Anwesenden? Merkst du nicht, dass deine Pläne offen zutage liegen, siehst nicht, wie deine Verschwörung schon jetzt im Zaum gehalten wird von den Männern hier, die alle Bescheid wissen? Glaubst du denn, dass irgendeiner von uns nicht wüsste, was du letzte und vorletzte Nacht getan hast, wo du gewesen bist, mit wem du dich getroffen, welchen Plan du entworfen hast? Was für Zeiten, was für Sitten! Der Senat weiß es, der Konsul sieht es. Der hier aber lebt. Was heißt ›er lebt‹? Ja, er kommt in den Senat, er nimmt an den politischen Beratungen teil, und mit seinen Blicken fällt er über einen jeden von uns das Todesurteil. (*In Catilinam* 1–2)

Mit seiner Rede übte Cicero so großen moralischen Druck auf Catilina aus, dass dieser zu den Truppen des Manlius floh. Bereits wenige Monate später fiel Ciceros Widersacher im Kampf mit den Senatstruppen in der Schlacht bei Pistoria.

Um in einer spontanen Situation kühlen Kopf zu bewahren und sicher zu sprechen, bedarf es nicht nur guter rhetorischer Fähigkeiten, sondern auch eines beträchtlichen Maßes an Selbstsicherheit. Cicero litt hier, so legen es seine häufigen Bezugnahmen auf die eigene Person nahe, keinen Mangel – der große Altertumswissenschaftler Theodor Mommsen, kein

Freund Ciceros, attestierte dem Redner in seiner *Römischen Geschichte* (1856, Bd. III, S. 217) ein »fast übergeschnapptes Selbstbewußtsein«. Allerdings hören wir auch überraschende Töne aus dem Munde Ciceros, wenn er Ratschläge zum Umgang mit Schüchternheit, Nervosität und Lampenfieber erteilt, wie wir im Folgenden sehen.

Sicher sprechen: Umgang mit Nervosität

Nervosität wird häufig als ein Makel dargestellt, den es unter allen Umständen zu verstecken gilt. Doch gerade der so selbstbewusste Cicero war in dieser Sache anderer Meinung. In *De oratore* lässt er seinen Zeitgenossen Lucius Licinius Crassus, einen der bedeutendsten Redner in der Geschichte Roms, das folgende Geständnis machen:

Auf mich wirken selbst die besten Redner, denen die Worte völlig mühelos und gewählt von der Zunge gehen, dennoch beinahe unverschämt, wenn sie ganz ohne Schüchternheit zum Vortrag erscheinen und am Beginn der Rede nicht aufgeregt sind. Denn je besser sich jemand auf das Reden versteht, desto mehr fürchtet er die Schwierigkeit des Vortrags, die Unwägbarkeiten einer Rede und die Erwartung des Publikums. Auch der wirkt auf mich unverschämt, der zwar beim Sprechen nervös ist, aber nichts zuwege bringt oder von sich gibt, was der Sache, der Bezeichnung ›Redner‹ oder dem Publikum gerecht würde. Wir dürfen uns dem Vorwurf der Unverschämtheit nicht dadurch entziehen, dass wir uns schämen, sondern dadurch, dass wir nichts tun, was Anstoß erregen könnte. Wer nicht die nötige Scheu mitbringt – das beobachte ich bei sehr vielen –, der gehört meiner Meinung nach nicht nur kritisiert, sondern sogar bestraft. Ich bemerke das oft bei euch und nehme es auch an mir selbst wahr, dass ich am Beginn einer Rede bleich werde, nicht mehr klar denken kann und am ganzen Körper zittere. Als ganz junger Mann war ich am Beginn einer Anklagerede einmal so blockiert, dass ich die Rettung aus höchster Not dem Quintus Maximus zu verdanken hatte: Er beendete die Sitzung augenblicklich, als er sah, wie ich vor Angst entkräftet und gelähmt war. (*De oratore* 1,119–121)

Nervosität kann auch ein Zeichen der Wertschätzung sein, indem sie dem Publikum signalisiert, dass der Redner Anlass und Gegenstand der Rede und die Zuhörer ernst nimmt. Cicero stellte die eigene Nervosität – ob sie echt war oder gespielt – häufig sogar prominent an den Beginn seiner Reden, so etwa in der Rede für Deiotarus, einen Machthaber aus Galatien, der vom eigenen Enkel Castor zweier angeblicher Mordversuche auf Caesar angeklagt war. Cicero kannte Deiotarus, der im Bürgerkrieg auf der Seite des Pompeius gestanden hatte, aus den Jahren seiner Statthalterschaft in Kilikien, weshalb er die Verteidigung vor Caesar als Richter übernahm. Die Rede stammt aus dem Jahr 45 v. Chr. – Cicero war also bereits 61 Jahre alt, als er Folgendes eingestand:

In allen bedeutenderen Gerichtsprozessen, Caesar, bin ich am Beginn meiner Rede oft aufgeregter, als ich es mit meiner Erfahrung und in meinem Alter sein sollte. Für den vorliegenden Fall aber gilt dies ganz besonders, da mich so vieles beunruhigt, dass meine Zuversicht, als Verteidiger für die Rettung des Königs Deiotarus einzuschreiten, von der Furcht aufgewogen wird, die meine Kräfte lähmt. Denn erstens spreche ich für Leib und Leben eines Königs, was angesichts der Gefahr, die für dich bestand, an sich nicht unverhältnismäßig ist. Dennoch ist die Anklage eines Königs auf Leben und Tod so ungewöhnlich, dass man bis zum heutigen Tage nicht davon gehört hat. (*Pro Deiotaro rege* 1)

Cicero nutzt seine Aufregung einerseits als Argument für die große Bedeutung des Gegenstands. Zugleich aber versucht er, das Wohlwollen Caesars zu gewinnen: Durch das Bekenntnis seiner Nervosität bringt er sich selbst, der als ehemaliger Anhänger des Pompeius ebenfalls von Caesars Milde profitiert hatte, in eine unterwürfige Position und drückt Anerkennung für die Machtmittel aus, die Caesar zu Gebote stehen.

In einer Situation, die von starker Anspannung geprägt ist, kann es also sogar von Vorteil sein, zur eigenen Unsicherheit zu stehen. Mit diesem antiken Ratschlag im Hinterkopf dürfte es auch Tucholskys Kathederredner wagen, frei vor das Publikum zu treten, um ein »lächerlicher Cicero« zu werden.

LEKTION 10: Wirkungsvoll auftreten

Rhetorik ist nach modernem Verständnis vor allem die Kunst des Vortrags und des meisterhaften Auftritts. Die Frage ›Wie werde ich ein besserer Redner?‹ wird heute vor allem hinsichtlich des Auftretens beantwortet, das heißt: Wie sollte die Stimme klingen? Welche Körperhaltung nimmt man vor Publikum ein? Welche Geste erzielt die gewünschte Wirkung, welche Mimik ist angebracht?

In der antiken Rhetorik wurden diese Fragen unter dem Begriff der *actio*, des Vortrags, als fünftem und letztem Produktionsstadium der Rede diskutiert. Wenngleich die heutige Auffassung von Rhetorik die der Antike also erheblich verkürzt (genau genommen um die vier vorhergehenden Arbeitsschritte), kommt die Vorstellung von der Rhetorik als Kunst des Auftretens nicht von ungefähr. Denn bereits die antiken Rhetoriker waren sich der Bedeutung der Performance vollauf bewusst. So hatte der große griechische Redner Demosthenes im 4. Jahrhundert v. Chr. auf die Frage, was die Hauptsache beim Reden sei, geantwortet: »Das Wichtigste: der Vortrag, das Zweitwichtigste: der Vortrag, das Drittwichtigste: der Vortrag.« Cicero zitiert den Satz in voller Zustimmung, als er das Phänomen beschreibt, dass noch lange nicht den besten Vortrag hält, wer ›nur‹ gut formuliert:

Auch schlechte Redner brachten es ja nur aufgrund eines überlegenen Vortragsstils zum Erfolg in der Redekunst, wohingegen man viele redegewandte Leute aufgrund ihrer dürftigen Vortragsweise für schlechte Redner hielt, und so hatte Demosthenes recht, als er dem Vortrag den ersten, zweiten und dritten Platz zuerkannte.

(*Orator* 56)

Durch den Ausdruck des Körpers, durch Stimme, Mimik, Gestik und Bewegung, können dem Redegegenstand (*res*) und dem sprachlichen Ausdruck (*verba*) Gefühlsnuancen beigegeben werden. Cicero hat hierfür ein bezauberndes Bild gefunden:

Jeder Emotion ist von Natur aus ein bestimmter Gesichtsausdruck, ein Tonfall, eine Haltung zu eigen. Der ganze Körper des Menschen, all seine Gesichtszüge und Stimmlagen klingen wie die Saiten einer Lyra, wenn ein bestimmtes Gefühl auf ihn wirkt. (*De oratore* 3,216)

Wie wichtig die Körpersprache ist, zeigt der folgende Gedanke zur allgemeinen Verständlichkeit nonverbaler Kommunikation:

Alles, was mit dem Vortrag in Verbindung steht, hat eine natürliche Kraft, die auch auf ungebildete Leute, auf eine Volksmenge, selbst auf Menschen aus dem Ausland anziehend wirkt. Worte wirken nur auf denjenigen, der durch eine gemeinsame Sprache mit dem Redner verbunden ist, und geistreiche Bemerkungen gehen häufig unter, wenn die Hörer keinen Sinn dafür haben. Die Vortragsweise aber, bei der die Gefühlsregungen deutlich zu erkennen sind, macht auf alle Eindruck. Jeder Mensch hat ja dieselben Emotionen, die er bei sich und bei anderen an den jeweils gleichen Merkmalen abliest.

(*De oratore* 3,223)

Den konkreten Einsatz von Stimme, Körperhaltung und Gestik, Augenspiel und Mimik bespricht Cicero an verschiedenen Stellen seines rhetorischen Werks. Über seine eigene Vortragsweise ist indes kaum etwas bekannt: Weder berichtet der sonst mit Eigenlob wenig zurückhaltende Redner selbst ausführlich davon, noch geben die Sekundärquellen darüber Aufschluss. Dies ist vermutlich ein Qualitätsmerkmal und bestätigt Ciceros Theorie: Der Auftritt sollte authentisch, elegant, würdevoll sein – und das heißt vor allem: unauffällig.

Die Stimme

Für einen gelungenen Vortragsstil ist die Stimme am wichtigsten, die man durch Training üben und kräftigen kann. Die beiden größten Redner der Antike waren zu Beginn keine Stimmwunder: Der junge Demosthenes habe sich, um seine undeutliche Aussprache zu kurieren, Kieselsteine in den Mund gesteckt und dabei Reden deklamiert; seine dünne Stimme habe er gestärkt, indem er beim Laufen oder auf steilen Spaziergängen unentwegt sprach (so berichtet Plutarch im 2. Jahrhundert n. Chr.; *Demosthenes* 11). Um Ciceros Karriere stand es zunächst ebenfalls nicht gut: Im *Brutus* bekennt er sich dazu, dass seine Bildungsreise nach Kleinasien vor allem eine Stimmbildungsreise war. Seine kränkliche Konstitution hatte es ihm nicht erlaubt, lange laut zu sprechen – für einen Redner, der sich ohne Mikrofon über Stunden vor einem vielköpfigen Publikum Gehör verschaffen musste, eigentlich undenkbar! Doch das Stimmtraining beim Redelehrer Molon half, und so wendete sich das Blatt:

Die allzu große Angestrengtheit meiner Stimme hatte sich gelegt, meine Redeweise war ausgeglichener geworden, meine Lunge kräftiger und meine Körperhaltung etwas aufrechter. (*Brutus* 316)

Wichtiger noch als Lautstärke und Stimmgewalt ist die Fähigkeit, die Stimme je nach Gefühlslage zu modulieren:

Es gibt ebenso viele Stimm- wie Gefühlslagen, die wiederum besonders durch die Stimme hervorgerufen werden. Daher wird der vollkommene Redner ... die Färbung seiner Stimme jeweils nach der Gefühlslage ausrichten, die er von sich selbst vermitteln und die er beim Zuhörer erwirken will. (*Orator* 55)

Dabei gilt es, auch die feinen Nuancierungen zu beherrschen, die die Stimme bietet:

Wer der beste Redner werden will, der muss sich wünschen, mit fester Stimme bedrohlich sprechen zu können, mit zurückhaltender Stimme ruhig, mit ausgewogener Stimme würdevoll und mit gedämpfter Stimme mitleiderregend. Die Stimme hat eine wunderbare Eigenschaft: Aus ihren drei Tonhöhen, der mittleren, der hohen und der tiefen, entsteht eine gewaltige und reizende Vielfalt, die im Gesang zur Vollendung gelangt. (*Orator* 56–57)

Detaillierter fällt die Tonlehre in *De oratore* aus:

Denn die Stimme ist wie eine gespannte Saite, die je nach Berührung einen Ton von sich gibt, der hoch oder tief, schnell oder langsam, laut oder leise sein kann. Dazwischen hat jede Kategorie ein mittleres Maß. Davon leiten sich wiederum mehrere Stimmlagen ab: sanft und rau, gepresst und gedehnt, schwungvoll und gemäßigt, gedämpft und kreischend, anschwellend und abflachend.

(*De oratore* 3,216)

Wie Ciceros Stimme geklungen haben könnte und wie er sie dem jeweiligen Gegenstand und Ausdruck angepasst hat, können wir freilich nicht mehr nachvollziehen. Allerdings hat Quintilian eine um rund 150 Jahre verspätete Stimmanalyse des ersten Satzes von Ciceros Milo-Rede vorgenommen (*Institutio oratoria* 11,3,47–51). Obwohl auch er Cicero nie gehört hatte, ist seine Darstellung doch plausibel und aufschlussreich. Aus ihr geht hervor, welche Macht die menschliche Stimme hat, wie sie die Dinge bedeutender oder geringer machen und mit Gefühl aufladen kann. In der genannten Rede hatte sich Cicero der heiklen Verteidigung des Titus Annius Milo von der Anklage des Mordes an Clodius Pulcher angenommen (zum Fall siehe in Lektion 4), die in denkbar ungünstigen Umständen stattfand: Der Verhandlungsort auf dem Forum war umringt von Soldaten des Pompeius, der auf den Schuldspruch Milos drängte, und von den wütenden Anhängern des Clodius, die lautstark Vergeltung forderten. Auf den ersten Satz kam also vieles an, und Cicero fand den folgenden Einstieg (Quintilians Sprachanalyse wird dem Zitat in Art von Regieanweisungen kursiv beigegeben):

(gedämpft, unterwürfig, ängstlich) Zwar habe ich die Befürchtung, ihr Richter, dass es schändlich sei, am Beginn einer Rede für einen *(voller und selbstbewusster)* so überaus tapferen Mann Furcht zu zeigen,
(neuer Atemzug, mutiger, fester und zum Satzende hin lauter) und völlig unangemessen, zumal sich Milo selbst mehr um das Wohl des Staates als um sein eigenes sorgt,
(selbstkritischer Ton) dass ich für seinen Prozess nicht die seelische Größe aufbringen kann, die ihm gerecht würde,
(offensiver und etwas ärgerlich) und dennoch versetzt mich der ungewohnte Anblick des ungewohnten Gerichtsortes in Schrecken,
(laut und dröhnend, wie eine »volltönende Flöte«) und ringsum forsche ich nach der altvertrauten Kulisse des Forums und der alt-

hergebrachten Art des Prozessierens, denn kein Hörerkreis umgibt wie gewöhnlich eure Sitzung. (*Pro Milone* 1)

Es wird erkennbar, wie sich Cicero in die ungewohnte Situation stimmlich hineintastet: Zunächst gibt er sich ängstlich, wird bei der Erwähnung Milos mutiger, nimmt sich selbst wieder zurück und wagt schließlich gar die Empörung – alles in einem einzigen Satz!

Mimik und Augenspiel

Nach der Stimme ist das Gesicht das wichtigste Instrument, Gefühlsregungen und Stimmungen auszudrücken. Für den gelingenden Vortrag sind lebendige, dem jeweiligen Redegegenstand angepasste Mimik und Augenspiel essentiell:

Der ganze Vortrag beruht auf der Wirkung von Gefühlen, die durch das Gesicht ausgedrückt und an den Augen abgelesen werden. Das Gesicht ist ja der einzige Teil des Körpers, der für jede Gemütsregung einen eigenen Ausdruck hervorbringen kann. (*De oratore* 3,221)

Im Anschluss zitiert Cicero einen bei Theophrast (um 371–287 v. Chr.) überlieferten Ausspruch, dass derjenige, der beim Vortrag immer nur einen Punkt fixiere, dem Publikum auch gleich den Rücken zudrehen könne.

Die Fähigkeit, seinen Gefühlszustand über die Augen mitzuteilen, ist die einzigartige Gabe des Menschen:

Es sind die Augen, mit denen wir unsere Gefühle zum Ausdruck bringen, wenn wir, passend zur jeweiligen Rede, bald streng oder nachlässig, bald ernst oder heiter blicken. Der Vortrag ist ja gewissermaßen die Sprache, in der sich der Körper ausdrückt, weshalb sie unbedingt zur Gemütslage passen muss. Um den Empfindungen Ausdruck verleihen zu können, hat uns die Natur Augen geschenkt, wofür sie dem Pferd oder dem Löwen Mähne, Schwanz und Ohren gegeben hat. (*De oratore* 3,222)

Seine Augen setzte Cicero übrigens häufig dazu ein, echte und möglicherweise auch falsche Tränen zu weinen. Ob ihm vor allem Letzteres immer überzeugend gelang, bezweifelte der Anwalt Marcus Iuventius Laterensis, der Cicero einst bei der Verteidigung des korrupten Politikers Marcus Cispius ein falsches Tränchen (*lacrimula*) vorgeworfen hatte. Im Plancius-Prozess, in dem Cicero an Tränen ebenfalls nicht sparte (siehe Seite 120), trafen Laterensis und Cicero erneut aufeinander, was Letzterem die Möglichkeit gab, sich zu rechtfertigen:

»Ich habe dein Tränchen bemerkt«, hast du gesagt. Jetzt sage ich dir, wie sehr du mich mit deiner Aussage getroffen hast. Hättest du genau hingesehen, so hättest du nicht nur ein ›Tränchen‹ bemerkt, sondern einen Tränenstrom, Jammern und Schluchzen. Oder hätte ich meinem Schmerz angesichts der ausweglosen Situation, in der sich Cispius befand, nicht Ausdruck geben dürfen? (*Pro Plancio* 76)

Ciceros bemühtes Tränchen hatte wohl letztlich nicht hingereicht, um die Richter von der Unschuld des Angeklagten zu überzeugen. Jedenfalls war Cispius des Wahlbetrugs für schuldig befunden worden.

Gestik

Für Haltung und Gebärdensprache gab Cicero weniger akribische Vorschriften als etwa Quintilian, der rund 20 Gesten genauestens (bis in die Daumenhaltung hinein) unterschied und ihre jeweiligen Wirkungen beschrieb (für Interessierte: *Institutio oratoria* 11,3,65–184). Cicero genügte ein maß- und würdevolles, gestenarmes Auftreten (*De oratore* 3,220).

In der Haltung soll der Redner aufrecht und gerade sein, gehen soll er selten und nicht weit, vortreten nur maßvoll und auch das nicht oft. Er soll seinen Kopf nicht hängen lassen, kein lebhaftes Fingerspiel betreiben oder den Sprechtakt mitklopfen. Er wird vielmehr durch den maßvollen Einsatz seines Körpers wirken, durch die beherrschte Drehung des Oberkörpers, durch seinen Arm, den er in hitziger Rede vorstreckt und in ruhiger Rede am Körper hält.

(*Orator* 59)

In großer Erregung sei auch ein Aufstampfen mit dem Fuß und ein Schlag auf Stirn oder Oberschenkel geboten (*Brutus* 278). Im Allgemeinen sollte der Redner aber nicht in Art eines Schauspielers jedes gesprochene Wort nachahmen, sondern die Worte eher unterstreichen und andeuten (*De oratore* 3,220). Als abschreckendes Beispiel für zu viel gestische Theatralik nennt er einen Redner namens Sextus Titius, der so schwungvoll und exaltiert aufgetreten sei, dass man einen Tanz (den ›Titius‹) nach ihm benannt habe (*Brutus* 225).

Dennoch besteht zwischen Schauspiel und Redevortrag eine gewisse Verwandtschaft: Wie der Schauspieler anhand der Körpersprache überzeugend und eindrucksvoll wirken muss, so muss es auch der Redner, wenngleich mit sparsamerem Einsatz seines Körpers. So war die überlieferte Freundschaft Ciceros mit Quintus Roscius, einem für seine Eleganz auf der Bühne vielbewunderten Schauspieler, auch eine ›berufliche‹:

Es wird wohl niemand bestreiten, dass dem Redner für die Bewegung und Haltung beim Vortrag die anmutige Körpersprache eines Roscius guttun würde. (*De oratore* 1,251)

Allerdings sollte schauspielerische Eleganz nur wohldosiert eingesetzt werden:

Dennoch kann man den jungen Redeschülern sicherlich nicht dazu raten, die Gestik so vollkommen einzustudieren wie die Schauspieler. (*De oratore* 1,251)

Cicero verstand es allerdings durchaus, das theatralische Element zu seinen Gunsten zu nutzen, und die Quellen geben Anlass zum Verdacht, dass er sich zuweilen auch für den billigen Showeffekt nicht zu schade war. So hat er nach eigenem Zeugnis am Schluss einer Rede den kleinen Sohn eines Angeklagten auf dem Arm gehalten, um die Richter mitleidig zu stimmen (*Orator* 131). Dies nimmt sich harmlos aus gegen das Spektakel, das er etwa in der Rede *Pro Plancio* aufbot. Der Politiker Gnaeus Plancius hatte sich früher für die Rückberufung Ciceros aus dem Exil starkgemacht, weshalb ihm dieser in großer Dankbarkeit verbunden war. Als sich Plancius bei seiner Wahl zum Ädil des Wahlbetrugs verdächtig gemacht hatte und angeklagt wurde, trat Cicero erfolgreich für ihn ein, wobei er im Schlussplädoyer alle Register rhetorischer Auftrittskunst zog:

Doch lass mich dich, Plancius – steh bitte auf! –, festhalten und umarmen, denn ich will in dieser unglücklichen Lage nicht nur ein Fürsprecher für dich sein, sondern ein Weggefährte und Freund. Und ich hoffe, dass niemand so grausam und unmenschlich sein wird ..., dass er mich von meinem Lebensretter fortreißt und wegzerrt. (*Pro Plancio* 102)

Doch damit nicht genug:

Hier mit mir zusammen fleht zu euch, ihr Richter, sein gramgebeugter, großartiger Vater, und so bitten euch zwei Väter um Nachsicht mit dem einen Sohn. (*Pro Plancio* 102)

Zu guter Letzt flossen selbst die Tränen (echte oder falsche) ungehemmt:

Es sind nicht nur meine Tränen, die mich nicht weitersprechen lassen, sondern auch deine und eure, ihr Richter, die mir trotz meiner großen Furcht plötzlich die Hoffnung geben, dass ihr euch für die Rettung dieses Mannes ebenso einsetzen werdet, wie ihr es für mich getan habt, da mich eure Tränen jetzt an die denken lassen, die ihr so oft für mich vergossen habt. (*Pro Plancio* 104)

Wenngleich uns Ciceros Justiztheater albern vorkommen mag, so bewegt es sich doch im Rahmen dessen, was die Richter (und das Publikum ohnehin) vom Redner erwarteten. Hält man sich den öffentlichen und politischen Charakter der Gerichtsprozesse gegenwärtig, so lässt sich Ciceros Darbietung leicht mit medienwirksamen Inszenierungen von Politikern vergleichen. Und noch heute könnten diese vom Redner und Staatsmann Cicero lernen, was für die Publikumswirkung neben gründlicher Vorbereitung, inhaltlicher Überzeugung und sprachlicher Raffinesse von entscheidender Bedeutung ist: die große Geste.

Literaturhinweise

Den Übersetzungen liegen die maßgeblichen Texte der *Bibliotheca Teubneriana* zugrunde: M. Tullius Cicero, *Scripta quae manserunt omnia*, München/Leipzig 1970 ff.

Werke Ciceros in Übersetzung (Auswahl)

Cicero, Marcus Tullius: Sämtliche Reden. 7 Bde. Eingel., übers. und erl. von M. Fuhrmann. Düsseldorf/Zürich ^{2}2000.

– De inventione / Über die Auffindung des Stoffes. De optimo genere oratorum / Über die beste Gattung von Rednern. Lat./Dt. Hrsg. und übers. von Th. Nüßlein. Düsseldorf/Zürich 1998.

– De oratore / Über den Redner. Lat./Dt. Hrsg. und übers. von H. Merklin. Stuttgart 2006.

– In L. Catilinam Orationes / Vier Reden gegen Catilina. Lat./Dt. Hrsg. und übers. von M. v. Albrecht. Stuttgart 2016.

– Orator / Der Redner. Lat./Dt. Hrsg. und übers. von H. Merklin. Stuttgart 2004.

– Pro M. Caelio oratio / Rede für M. Caelius. Mit einem Anhang ausgewählter Briefe des Caelius an Cicero. Lat./Dt. Hrsg. und übers. von M. Giebel. Stuttgart 1994.

– Pro P. Sestio oratio / Rede für P. Sestius. Lat./Dt. Hrsg. und übers. von G. Krüger. Stuttgart 2004.

– Rede für T. Annius Milo. Mit dem Kommentar des Asconius. Lat./Dt. Hrsg. und übers. von M. Giebel. Stuttgart 1972.

– Topica / Die Kunst, richtig zu argumentieren. Lat./Dt. Hrsg., übers. und erl. von K. Bayer. München/Zürich 1993.

– How to Win an Argument. An Ancient Guide to the Art of Persuasion. Selected, Edited, and Translated by J. M. May. Princeton/Oxford 2016.

Ausgaben und Übersetzungen weiterer zitierter Autoren

Plutarchi Vitae parallelae. Vol. I, Fasc. 2. Hrsg. von C. Lindskog / K. Ziegler / H. Gärtner. Stuttgart/Leipzig 1994.

Plutarch: Lives VII. Demosthenes and Cicero / Alexander and Caesar. With an English Translation by B. Perrin. Cambridge (Mass.) / London 1919. (Neudr. 2004.)

Quintilianus, Marcus Fabius: Institutionis oratoriae libri duodecim. Vol. I–II. Hrsg. von M. Winterbottom. Oxford 1970.

Quintilianus, Marcus Fabius: Ausbildung des Redners. Lat./Dt. Hrsg. und übers. von H. Rahn. Darmstadt [5]2011.

Tacitus, Cornelius: Dialogus de oratoribus. Streitgespräch über die Redner. Eingel., hrsg., übers. und erl. von D. Flach. Stuttgart 2005.

Zitierte, benutzte und weiterführende Literatur

Barwick, K.: Das rednerische Bildungsideal Ciceros. Berlin 1963.

Beard, M.: Laughter in Ancient Rome. On Joking, Tickling, and Cracking Up. Berkeley / Los Angeles / London 2014.

Bringmann, K.: Der Diktator Caesar als Richter? Zu Ciceros Reden *Pro Ligario* und *Pro rege Deiotaro*. In: Hermes 114 (1986) S. 72–88.

Classen, C. J.: Ciceros *orator perfectus*: ein *vir bonus dicendi peritus?* In: S. Prete (Hrsg.): *Commemoratio.* Studi di filologia in ricordo di Riccardo Ribuoli. Sassoferrato 1986. S. 43–55. (Neudr. in: C. J. Classen: Die Welt der Römer. Studien zu ihrer Literatur, Geschichte und Religion. Hrsg. von M. Vielberg. Berlin / New York 1993. S. 155–167.)

Fantham, E.: The Roman World of Cicero's *de Oratore*. Oxford 2004.

Friedell, E.: Kulturgeschichte der Neuzeit. Die Krisis der Europäischen Seele von der schwarzen Pest bis zum Ersten Weltkrieg. München [2]2008.

Fuhrmann, M.: Die antike Rhetorik. Eine Einführung. Düsseldorf [5]2003.

Ganter, A.: *Patronus* und *amicus*. Ciceros Tränen als Grundlage sozialer Integration. In: Ciceroniana on line 1,2 (2017) S. 307–324.
Giebel, M.: Marcus Tullius Cicero. Hamburg [14]2002.
Hall, J.: Cicero's Use of Judicial Theater. Ann Arbor 2014.
– Cicero and Quintilian on the Oratorical Use of Hand Gestures. In: Classical Quarterly 54 (2004) S. 143–160.
Hoppmann, M.: Argumentative Verteidigung. Grundlegung zu einer modernen Statuslehre. Berlin 2008.
Kahnemann, D.: Schnelles Denken, langsames Denken. München 2014.
Manuwald, G.: Cicero als Redner. In: M. Erler / Chr. Tornau (Hrsg.): Handbuch Antike Rhetorik. Berlin/Boston 2019. S. 271–286.
Mommsen, Th.: Römische Geschichte. Bd. 3. Leipzig 1856.
Pina Polo, F.: Rom, das bin ich. Marcus Tullius Cicero. Ein Leben. Stuttgart 2010.
Schirren, Th.: Redesachverhaltsfeststellung (Statuslehre). In: U. Fix / A. Gardt / J. Knape (Hrsg.): Rhetorik und Stilistik. Ein internationales Handbuch historischer und systematischer Forschung 1. Berlin / New York 2008/09. S. 610–620.
– Topik im Rahmen der klassischen Rhetorik. In: U. Fix / A. Gardt / J. Knape (Hrsg.): Rhetorik und Stilistik. Ein internationales Handbuch historischer und systematischer Forschung 2. Berlin / New York 2008/09. S. 1444–59.
Schloemann, J.: »I have a dream«. Die Kunst der freien Rede. Von Cicero bis Barack Obama. München 2019.
Schulz, V.: Die Stimme in der antiken Rhetorik. Göttingen/Bristol 2014.
Stroh, W.: Die Macht der Rede. Eine kleine Geschichte der Rhetorik im alten Griechenland und Rom. Berlin 2009.
– Cicero. Redner, Staatsmann, Philosoph. München [2]2010.
– Der Regelverstoss in Theorie und Praxis der antiken Rhetorik. In: M. Götz / M. Fraas (Hrsg.): Fiasco – ma non troppo. Vom Designfehler zum Fehlerdesign. Basel 2014. S. 233–248.
Tucholsky, K.: Ratschläge für einen schlechten Redner. In: M. Gerold-Tucholsky / F. J. Raddatz (Hrsg.): Gesammelte Werke in 10 Bänden. Bd. 8. Reinbek b. Hamburg 1975. S. 290–292.

Ueding, G. / Steinbrink, B.: Grundriß der Rhetorik: Geschichte – Technik – Methode. Stuttgart/Weimar [3]2005.
Uhlmann, G.: Rhetorik und Wahrheit. Ein prekäres Verhältnis von Sokrates bis Trump. Stuttgart 2019.
Walter, U.: Die Arbeit der Zuspitzung. Ciceros rhetorische Totalmobilmachung in den *Philippischen Reden* und das Ende der Römischen Republik. In: L. Benz / J. Sauer (Hrsg.): Rhetorik, Politik, Propaganda. Cicero und die Macht des Wortes. Heidelberg 2021. S. 11–38.
Weeber, K.-W.: Humor in der Antike. Stuttgart 2006.
– Schöner schimpfen auf Latein. Stuttgart 2022. S. 25–49.

Zum Autor

TOBIAS DÄNZER studierte Griechisch, Latein, Italienisch und Erziehungswissenschaften in Würzburg und Messina. 2017 wurde er mit einer Arbeit zum Renaissance-Gelehrten Angelo Poliziano promoviert, 2022 mit einer Arbeit über Quintilians *Institutio oratoria* habilitiert. Er ist Akademischer Rat am Lehrstuhl für Latinistik in Würzburg. Zu seinen Forschungsschwerpunkten zählen neben der antiken Rhetorik die lateinische Briefliteratur, das römische Recht und das Fortwirken des griechisch-römischen Denkens in Renaissance und Früher Neuzeit.